047 ~~22,~~ 11,–

Beck'sche Schwarze Reihe
Band 254

MUSIKER IM PORTRÄT

Band 1

Walter Salmen

Von der Spätantike bis 1600

(Beck'sche Schwarze Reihe, Band 250)

Band 2

Walter Salmen

17. Jahrhundert

(Beck'sche Schwarze Reihe, Band 251)

Band 3

Gabriele und Walter Salmen

18. Jahrhundert

(Beck'sche Schwarze Reihe, Band 252)

Band 4

Gabriele Salmen

19. Jahrhundert

(Beck'sche Schwarze Reihe, Band 253)

Band 5

Gabriele Salmen

20. Jahrhundert

(Beck'sche Schwarze Reihe, Band 254)

GABRIELE SALMEN

Musiker im Porträt

Band 5

Das 20. Jahrhundert

VERLAG C.H.BECK MÜNCHEN

Mit 82 Abbildungen

CIP-Kurztitelaufnahme der Deutschen Bibliothek

Salmen, Gabriele:
Musiker im Porträt / Gabriele Salmen. – München:
Beck
Bd. 3 verf. von Gabriele u. Walter Salmen
Bis Bd. 2 u. d. T.: Salmen, Walter: Musiker im
Porträt
NE: Salmen, Walter:
Bd. 5. Das 20. Jahrhundert. – 1984.
(Beck'sche Schwarze Reihe; Bd. 254)
ISBN 3 406 08454 0
NE: GT

ISBN 3 406 08454 0

Einbandentwurf von Rudolf Huber-Wilkoff, München
Umschlagbild: Igor Strawinsky, Zeichnung von Pablo Picasso

Gesamtherstellung: C. H. Beck'sche Buchdruckerei, Nördlingen
Reproduktion der Abbildungen: Brend'amour, Simhart & Co.,
Graphische Kunstanstalt, München
Printed in Germany

Inhalt

Einleitung

,,Denkmale haben außer der Eigenschaft, daß man nicht weiß, ob man Denkmale oder Denkmäler sagen soll, noch allerhand Eigenheiten. Die wichtigste davon ist ein wenig widerspruchsvoll; das Auffallendste an Denkmälern ist nämlich, daß man sie nicht bemerkt. Es gibt nichts auf der Welt, was so unsichtbar wäre wie Denkmäler ... Es wäre falsch, sich durch einige Ausnahmen täuschen zu lassen. Etwa durch jene paar Standbilder, die der Mensch mit dem Baedeker in der Hand suchen geht, wie den Gattamelata oder den Colleone, was eben ein ganz besonderes Verhalten ist ...", so schrieb Robert Musil 1936 im zweiten Kapitel seiner Sammlung von Prosastücken ,Nachlaß zu Lebzeiten', die er ,Unfreundliche Betrachtungen' nennt. Achtzehn Jahre nach dem Ersten und drei Jahre vor dem Ausbruch des Zweiten Weltkrieges sind diese Zeilen eine unsentimentale Absage an die Darstellungsart des voraufgegangenen Jahrhunderts, das die ,,großen Männer gleichsam mit einem Gedenkstein um den Hals ins Meer des Vergessens" gestürzt habe. Damit ging gedanklich in Westeuropa eine Ära zu Ende, die in der Porträtmalerei und Denkmalssetzung die Verherrlichung und Verewigung der Verdienste des Kunstgenies schlechthin zu verwirklichen getrachtet hat. 1872 wurde noch dem ,Liederfürsten' Franz Schubert ,,ein würdiges Denkmal" gesetzt, das, ausschließlich mit Spenden aus der Bürgerschaft finanziert, im Stadtpark zu Wien dem damaligen Bürgermeister zur Obhut überreicht wurde als Zeichen liberalen Denkens. Es folgten Denkmäler, die man 1908 Johannes Brahms und 1921 Johann Strauß (Sohn) in Reminiszenz an die großbürgerliche Epoche setzte. Auch Richard Wagner zollte man vielerorts posthume Verehrung, etwa in Berlin, wo in den Anlagen des Tiergartens 1903 ein 6 Meter hohes Denkmal aufgestellt wurde, oder in München, wo 1913 der gigantische Marmorblock von ,,600 Zentnern", die halbliegende Gestalt Wagners, enthüllt wurde, die, von ,,olympischer Größe", von Heinrich Waderé gemeißelt worden war. Heftig in den Tages- und Wochenzeitungen, in Kunstzeitschriften, Pamphleten und in der Karikatur kritisiert, im Ersten oder Zweiten Weltkrieg vielerorts auch zerstört, wichen derartige Heroenverehrungen schließlich dem äußeren Druck, der in der Feststellung gipfelte, daß Nationaldenkmäler den Bürger zum Untertan degradierten: ,,das semantische Klima der nationalen Instruktionen (zum Beispiel in der von

König Ludwig I. erbauten ‚Walhalla' bei Regensburg) – bis zu den Führungen in unserer Zeit – ist das einer wehmutsvoll zerfließenden Servilität. Den Heroen von Kunst und Kultur naht sich deutsche offizielle Verehrung mit gebeugtem Rücken" (Hermann Glaser).

Gemäß dem Ausspruch Auguste Rodins, das Häßliche erschiene ihm schön, weil wahr, und das Leidende bei dumpfer Selbsterkenntnis als erlösungswürdig, wurde überdies die Darstellung des Menschenbildes immer problematischer. James Ensor nahm diesen Wandel 1888 schonungslos und sarkastisch in der Radierung ‚Mein Porträt im Jahre 1960' (Ostende, Ensor Museum) voraus, in der er sich die Verwesung seiner Überreste vorzustellen suchte. Seither fordert der Künstler den Betrachter unerbittlich dazu auf, sich damit abzufinden, daß der vollständige Verfall der Person unabwendbar, die Erhöhung in den Parnaß Vergangenheit und unzeitgemäß ist.

Das zeitigte in der Porträtmalerei eine gravierende Wandlung, die mit der Ölskizze Auguste Renoirs von Richard Wagner aus dem Jahre 1882 auch für das Musikerbildnis begann (siehe Martin Geck, ‚Die Bildnisse Richard Wagners', München 1970). Dieses Bildnis, das den Beginn einer neuen, psychologischen Wagner-Deutung markiert, deckt auch die Problematik der modernen Künstlerbiographik auf. Sie sollte nicht mehr ausschließlich auf Genieverehrung durch idealisierte Bildnismalerei beschränkt bleiben, die gemäß der normativen Ästhetik des 19. Jahrhunderts den Helden als bereits in den Parnaß der Künste eingegangen wiedergab.

Die Abkehr von diesen Vorstellungen wird auch aus der Ablehnung deutlich, die der Bildniskunst Franz von Lenbachs in dessen Spätphase zuteil wurde. Als Maler von bedeutenden Persönlichkeiten des Deutschland in der Kaiserzeit, gesuchter Porträtist der wohlhabend gewordenen Künstler, mußte er sich den Vorwurf gefallen lassen, ausschließlich ‚Photomalerei' zu betreiben, obwohl sich dieses neuen optischen Bildverfahrens damals bereits Maler aller Ränge bedienten, gemäß der begründeten Feststellung: „Wer von uns könnte diese Genauigkeit erreichen ... *cette délicatesse dans le modèle* ... was für eine wundervolle Sache ist doch die Photographie – aber das darf man nicht laut sagen" (Jean Ingres). Ein letzter Markstein auf der Suche nach der „verzehrenden Schönheit", die sich die *Art Nouveau* (oder der Jugendstil) zu Beginn des Jahrhunderts zum Leitbild gemacht hatte, dürfte der Münchener Franz von Stuck gewesen sein, der sich bis zu seinem Tode im Jahre 1928 imperatorenhaft als Künstlerfürst in seinem von ihm entworfenen Palais (erbaut 1887) feiern ließ (vgl. J. A. Schmoll gen. Eisenwerth [Hrsg.], ,Museum Villa Stuck, Franz von Stuck, Persönlichkeit und Werk', München 1977). Über dessen Bildnisse wurde 1907 kritisch geurteilt, daß deren angestrebte Vereinfachung den erschöpfenden psychologischen Ausdruck im modernen Sinne ausschließe.

In der allgemeinen Geschichte des künstlerischen Porträts galt fortan mehrheitlich weder die Dokumentation, die durch die Photographie viel perfekter vorgelegt werden konnte, noch die Verherrlichung des Gegenübers als Ziel, sondern jenes *,,protrahere"*, das ,,Durchschauen und Hervorziehen" des Seelischen, die ,,Materialisation einer individuellen Seele" (Wilhelm Waetzoldt, 1908) als das Darstellwürdige. Mit dem Verzicht gar auf eine wirklichkeitsgetreue Menschengestaltung, auf Perspektiven und Proportionen wurde der Weg frei zur abstrakten Darstellung des menschlichen Antlitzes, was den Verfall der Bildnismalerei bedeutet und mithin das Ende jener vorherigen Epoche, die in der Bildnismalerei den ,Prüfstein', den ,Maßstab des künstlerischen Könnens' überhaupt gesehen hatte.

Da sich der schaffende Musiker zunehmend in einer Phase der Neuorientierung befand, seine gesellschaftliche Stellung namentlich seit dem zweiten Drittel dieses Jahrhunderts neu zu orten war und ist, war für ihn auch der Zwang zumindest im westlichen Europa aufgehoben, sich angemessen in die Galerie der ,Großen' einreihen zu müssen. Er schied mehr und mehr aus der Reihe der Auftraggeber aus.

Exzeptionelle Musikerporträts sind daher seit der Jahrhundertwende zumeist das Ergebnis persönlicher Verbindungen, etwa in den zahlreichen Künstlergemeinschaften, die sich als Reaktion auf die konservativen Kunstakademien in vielen Kunstzentren Europas gebildet hatten (zum Beispiel eingegangen von Jean Sibelius, Anton von Webern, Igor Strawinsky). Die Entwicklung des gegenseitigen Befruchtens der Künste erfuhr wesentliche Impulse durch Sergej Diaghilew, der als ,Impresario der zeitgenössischen Kunst aller Gattungen und Spielarten' dem *Ballet russe* vorstand. In der Zeit seines Wirkens in Paris verbanden sich mit ihm und seinen Musikern nahezu alle namhaften Maler, die die Bühnenbilder und

Kostüme zu den Balletten schufen. Damit setzten sie nicht nur in der Geschichte des Bühnenbildes neue Maßstäbe, sondern es ergaben sich zudem enge freundschaftliche Kontakte unter den Künstlern verschiedener Sparten, Kontakte, die eine bislang noch nicht aufgearbeitete Fülle von Porträts zeitigten. Diese Freundschaftsgaben, Karikaturen, Gruppenbilder, Zeichnungen und Erinnerungsphotographien gipfeln paradigmatisch in den Bildnissen, die von Igor Strawinsky angefertigt worden sind, der eines der gefragtesten Gegenüber war. Nicht nur suchte man ihn als erfolgsgewöhnten Gentleman großformatig in traditioneller Bildregie zu ‚verewigen', in seinem Nachlaß spiegelt sich bis hin zum abstrakten Bildnis die Gesamtheit der Porträtkunst im 20. Jahrhundert. Strawinsky, dessen Musik sich zwischen dem Neoklassizismus und der gewagtesten Avantgarde bewegte, schien zeitweise für Maler wie Bildhauer die Inkarnation des kunstschaffenden Menschen, sein Antlitz der Ausdruck unemotionaler intellektueller Kunstauffassung zu sein. Der Bedeutung gemäß, die die Ära Diaghilews in Paris bis zu dessen Tod für die gesamte Kunstentwicklung hatte, wurde eine der charakteristischen Bleistiftzeichnungen Pablo Picassos von Igor Strawinsky als Titelbild des vorliegenden Bandes gewählt. Diesem Maler war der Musiker auch über die Zeit der Pariser Zusammenarbeit hinaus zeitlebens freundschaftlich verbunden.

Freilich wurde namentlich in der ersten Hälfte des Jahrhunderts auf das traditionelle Inspirations- und Standesporträt nicht gänzlich verzichtet; der Gattung blieben etwa Rompreisträger in der Villa Medici immer noch traditionsbewußt treu. Die heftige Kritik, die Claude Debussy wie vor ihm Hector Berlioz diesem Usus zollte, signalisiert jedoch einmal mehr die Fragwürdigkeit derartiger Galerien: „Ich sehe noch den Speisesaal der Villa vor mir, an den Wänden aufgereiht die Portraits der Preisträger von gestern bis vorvorgestern. Bis zur Decke hinauf hängen sie, man kann die einzelnen nicht mehr recht unterscheiden; und wahr ist auch, daß man nicht einmal mehr von ihnen spricht. Auf all diesen Gesichtern liegt der gleiche, etwas triste Ausdruck; sie sehen alle ‚entwurzelt' aus. Und nach ein paar Monaten entsteht beim Betrachter der Eindruck, daß in diesen vielen genormten Rahmen in unendlicher Wiederholung immer der gleiche Rompreisträger hängt" (Claude Debussy, in: ‚Monsieur Croche. Die Eindrücke eines Rompreisträgers', 10. Juni 1903, Paris 1921).

Dennoch hielten epigonal und dem Vorbild der Eigenregie Richard Wagners folgend einige Komponisten an der Auftrags-Porträtmalerei fest, unter ihnen Eugen d'Albert, Richard Strauss, Hans Pfitzner, Franz Lehár, Ralph Vaughan Williams oder Georges Enescu. Zumeist von hoher kulturpolitischer Reputation gestützt, zählten sie diese Auftragsarbeiten nach wie vor zu den notwendigen Repräsentationsakten, die mit dem Ziel, ihren Auftraggebern einst in der ständigen Ausstellung etwa der National Portrait Gallery in London einen festen Platz zu verschaffen, durchgeführt wurden. Man wandte sich dazu an namhafte Porträtisten, die staatlich beauftragt waren oder freischaffend arbeiteten. Oskar Kokoschka etwa war ein überaus gesuchter Maler, der zeit seines Lebens der nahezu visionären Porträtmalerei ein besonderes Gewicht in seinem Schaffen beimaß und von Politikern wie Künstlern beauftragt wurde. Trotz seines Rufs, der „Porträtist mit dem Skalpell" zu sein, ein Ruf, der ihm seit 1909 anhing, als er mit dem Porträt des Psychiaters Auguste Forell (Kunsthalle Mannheim) heftige Diskussionen entfachte, genossen seine Werke höchste Achtung. Zu den Musikern, die sich von ihm malen ließen, gehörten Arnold Schönberg, Anton von Webern oder der Pädagoge Leo Kestenberg.

Zu neuen Auftraggebern aufwendiger Konterfeis wurden in diesem Jahrhundert die Dirigenten, Sänger und Instrumentalisten, die im Zeitalter der Dominanz von Repertoirekonzerten und Opernaufführungen den höchsten sozialen Rang innehatten. Diese Entwicklung, die sich im 19. Jahrhundert bereits anbahnte, erreichte mit großformatigen sogenannten Rollenbildnissen – etwa der Darsteller des Ochs von Lerchenau oder der Marschallin in Richard Strauss' ‚Rosenkavalier' – ihren Zenit. Ein besonderes Beispiel dafür ist ‚Der Sänger d'Andrade als Don Giovanni' von Max Slevogt. Dieses auf 5 Quadratmeter geplante Rollenbildnis, das 1904, zwei Jahre nach dessen erster Ausstellung in der Berliner Sezession, bereits in den Besitz der Württembergischen Staatsgalerie, Stuttgart, gelangte, wurde zum Inbegriff der Darstellung des Mozartschen Don Giovanni. Der Gegenstand war für Max Slevogt, der sich selbst hatte zum Sänger ausbilden lassen, von so großer Anziehungskraft, daß er diesem „weißen d'Andrade", der die Champagnerarie singt, den „roten" und „schwarzen" folgen ließ.

Ein Novum waren die künstlerischen Tanz-Photographien, die erst durch hochentwickelte Kameras möglich geworden sind. Zu den gesuchten frühen Ballett-Photographen, dessen Momentaufnahmen bis heute an Brillanz nichts eingebüßt haben, zählt der Berliner Siegfried Enkelmann.

Zu einer besonderen Ausprägung der Porträtmalerei gehören jene am Beginn des Jahrhunderts entstandenen Bilder, die das neue „Concertpublikum" festhalten, die „... verschiedenen Schichten der Gesellschaft ... mit ihren charakteristischen Übergängen von der glänzenden Äußerlichkeit und Blasiertheit der vornehmen Kreise bis zum Ernst und der begeisterten Hingebung wahrer Zuhörerschaft". Seit zu Beginn des Jahrhunderts der Konzertbesuch kein ausschließliches Privileg wohlhabender Kreise mehr war, wurden Konzerthaus-Sujets häufiger von den Malern aufgegriffen. Neben den nahezu photographischen Bildreportagen der Maler René Reinicke, Emil Limmer oder Werner Zehme, kamen auch Gemälde auf, die in impressionistischer Maltechnik die Situation des exponierten Solisten oder des zum neuen Helden gewordenen Dirigenten schildern. Dominierend in den Bildmittelpunkt gerückt (siehe Alexander Skrjabin), bestimmen Solist und Dirigent das Bildgeschehen, hinter dem sowohl das Publikum wie auch das Orchester schemenhaft verblassen (vgl. H. W. Schwab, ‚Konzert', Leipzig 1971).

In den Opern- und Konzerthausfoyers gehören die Büsten, Gemälde und Großphotographien gefeierter Sänger, Tänzer und Dirigenten allerorts zum Ausstattungsinventar. In zumeist heroischen Posen präsentieren sich die Stars in ihren Rollen, hinter denen ihre eigene Persönlichkeit zugunsten der Pose zurückbleibt (siehe J. Camner, *‚The Great Opera Stars in Historic Photographs'*, New York 1978). Mit der Entwicklung empfindlicher Photokameras wurde ein schier unübersehbarer Markt für das photographische Porträt erschlossen, der sich in Künstlerpostkarten bereits zu Beginn des Jahrhunderts ankündigte. Die Photographie und deren künstlerische Nutzung, die heute bis zur intrikaten Bildnisverfremdung und raffinierten Bildniskollage reicht, wie sie auf dem Schallplattenhüllenmarkt zu großer Bedeutung gelangten, ist vor allem nach dem Zweiten Weltkrieg zur dominanten Darstellungsart geworden, so daß alle ehemals gültigen Prinzipien des standesgemäßen Konterfeis bei der Präsentation des Musikers sekundär geworden sind. Die heute international den Kulturbetrieb leitenden Agenturen haben sich mehrheitlich für das realistische, oft betont legere Photo auf Plakaten und Werbeprospekten entschieden, leuchten mit den Fernsehkameras nicht nur den Arbeits-, sondern auch den Intimbereich des Künstlers aus und nutzen auf diese Weise die Rechte des 1965 für nahezu alle europäischen Staaten neu festgelegten Kunstschutz-Gesetzes, das die Wiedergabe des „Bildnisses von Personen des öffentlichen Lebens zur Befriedigung des Informationsbedürfnisses ohne Einwilligung" des Betroffenen erlaubt. Es gehört mithin zur Erfahrung jedes im 20. Jahrhundert künstlerisch Tätigen, seit der gravierenden Entwicklung des Funk- und Fernsehnetzes Objekt der Massenvermarktung geworden zu sein.

Durch diesen Tatbestand gerät die den Musiker im Bild unverwechselbar auszeichnende Attributbeigabe nahezu gänzlich in den Hintergrund. Hatte es im 19. Jahrhundert noch zahlreiche Bildnisse gegeben, deren Interpretation nur auf Grund tiefer Kenntnis der Person möglich war, weil Symbolbeigaben auf Persönlichkeit und Werk Bezug nahmen, so wich dieses Vorgehen zusehends nüchterner Darstellung, die auf das bezugreiche Ambiente verzichtet. Lediglich im Bildtyp des Hommage, dessen Höhepunkt in der Zeit von 1850 bis 1900 erreicht war und der von der jüngsten Kunstentwicklung, auch auf Musiker bezogen, wieder aufgegriffen wird (so etwa für Karl Amadeus Hartmann), haben sich surrealistische Verrätselungen gehalten, wie sie durch den Symbolismus sowie den Jugendstil vorgegeben waren. Aus dieser symbolistischen Phase seien genannt die Porträts des Finnen Axeli Gallén-Kallela (Jean Sibelius), des Norwegers Edvard Munch (Nikolaus Delius; siehe L. Carley, *‚Delius, a Life in Pictures'*, London 1977) oder Karl Bauer, der die denkwürdige Palestrina-Uraufführung in München 1917 zum Anlaß nahm, einige Porträtstudien von Hans Pfitzner anzufertigen, die ihn in der Engelsgloriole wiedergeben, dem Sinnbild der Inspiration, das den Schluß des 1. Aktes der Oper bestimmt (siehe Titelblatt der Zeitschrift ‚Die Jugend', 1918, Nr. 4).

Bezugspunkt bleiben freilich, trotz weitgehender Versachlichung heutiger Darstellung, das Instrument oder das Arbeitsmilieu (Leo Kestenberg, Arthur Honegger). Nicht ohne Absicht präsentiert man sich auch vor eigenem Besitz (Francis Poulenc, Paul Hindemith, Maurice Ravel, Richard Strauss), den man sich als Zeichen von Unabhängigkeit auf dem Lande erworben hat und wo man am Schreibtisch oder Flügel zumeist angesichts der Totenmaske Ludwig van Beethovens ein dem Schaffen gewidmetes Leben führt, unterbrochen von Gastspielreisen. Die während dieser Reisen von Pressephotographen, Fernsehanstalten, Malern oder Zeichnern aufgenommenen Momentaufnahmen, Aktionsfotos und Schnappschüsse gleichen sich nahezu. Die Präsenz in den USA, die im 19. Jahrhundert zum Exzeptionellsten einer Künstlerlaufbahn gehörte, ist heute Voraussetzung für eine erfolgreiche Karriere und betrifft alle Sparten des Musiklebens: den Unterhaltungsmusiker, Popstar, Opern- und Operettensänger, Dirigenten, Instrumentalisten, Tänzer, die Folkmusic-Gruppen und staatlichen Ensembles. Seitdem die Vermarktung des Musikerporträts überdies durch die Briefmarken-Industrie (Robert Stolz) vom Jahr 1922 an einen neuen Aspekt erhielt und die etwa im Jahre 1860 begonnene Nippes-Industrie alle Möglichkeiten der Popularisierung nutzt, die in mit Porträts bedruckten Hemden gipfelt, gelang es nahezu keinem Musiker mehr, eine selektive Persönlichkeitsregie zu führen, sieht man von den Bemühungen etwa der Pianistin Elly Ney ab, die mit großem Aufwand die Publikation ihrer Beethovens Genius verkörpern wollenden Photographien überwachte.

Nicht selten entledigten sich die Komponisten ihrer persönlichen Probleme, indem sie selbst zum Zeichenstift griffen. Häufiger als in den voraufgegangenen Jahrhunderten, gemäß der Tendenz zu gegenseitiger Annäherung der Künste, stößt man auf sarkastische Selbstbespiegelungen wie die von Paul Hindemith oder auf karikaturistische Selbstporträts wie jene von Enrico Caruso, der als ein um die ganze Welt reisender Tenor unzählige seiner heiteren Bühnensituationen mit dem Zeichenstift festhielt. Auch vermochte er es, seine Fähigkeit kommerziell zu nutzen; er publizierte die Karikaturen regelmäßig in dem Magazin ‚*La Follia*' in New York (siehe E. Caruso, ‚*Caricatures*', New York 1977). Er wurde so zum Karikaturisten in einer Epoche, da die Glanzzeit inspirierter Feuilletonkarikatur bereits überschritten war und nur noch wenige Zeichner die kulturelle Situation geißelten.

Arnold Schönberg ging bekanntlich als Maler, zu dem er in seiner von materieller Not gepeinigten Zeit um des zusätzlichen Erwerbs willen geworden war, andere Wege. In seinen Selbstbildnissen scheint er dem Ernst Ausdruck verleihen zu wollen, der sich namentlich in seiner Generation über die Kunstschaffenden gelegt hatte. Enttäuscht und alleingelassen, wendet er sich in dem ‚Selbstbildnis von hinten' (1911) vom Betrachter ab und zieht, Hut und Stock hinter dem Rücken verschränkt, eigenwillig seiner Wege.

Träger der Porträtbestände sind nach wie vor öffentliche Bibliotheken, Museen, die Nachlässe bewahren und bearbeiten, Bild- und Fotoarchive, Theatermuseen und der öffentliche Handel, der vor allem in den USA begonnen hat, mit Postkarten und Original-Porträtphotographien neue Sammlerkreise zu gewinnen. Auch Künstler legen wie in den früheren Jahrhunderten umfangreiche Porträt- und Autographensammlungen an, wie etwa die Pianistin Elly Ney oder der Wiener Kammersänger Anton Dermota, dessen Sammlung bereits zu Lebzeiten der Musiksammlung der Nationalbibliothek in Wien vermacht worden ist.

Wie in den voraufgegangenen Bänden der Reihe ‚Musiker im Porträt' galt es auch im vorliegenden, eine Auswahl von achtzig Persönlichkeiten aus allen Sparten des Musiklebens vorzustellen, die sowohl das vielfältige Bild der europäischen Musikgeschichte der vergangenen hundert Jahre repräsentieren als auch die Geschichte des Musikerporträts erhellen sollen. Der in diesem Band berücksichtigte Abschnitt von 1860 bis 1980 (lebende Musiker ausgeschlossen) umfaßt jene Zeit gesellschaftlicher Umwälzungen, die namentlich nach dem Zweiten Weltkrieg den Künstler und die Kunst in eine bedrängende Krise entlassen haben, so daß die kurze Spanne höchster Einschätzung und gesellschaftlicher Reputation des Musikers bis auf wenige Ausnahmen beendet zu sein scheint. Der Kult um den Künstler ist den Praktiken des vom Erfolg abhängigen Konzertbetriebs gewichen, die als Kultstätten errichteten Konzertsäle, Opernhäuser und Musikausbildungsstätten den zumeist nüchternen, industriell gefertigten Gebäuden, in denen lediglich noch ein Restbestand an Porträtbüsten und Gemälden einen Platz zur Betrachtung oder gar Bewunderung findet.

Musiker im Porträt

Eugène Arnold Dolmetsch

Am 24. Februar 1858 als Sohn einer Französin und eines Schweizers in Le Mans geboren und am 28. Februar 1940 in Haslemere (Surrey) gestorben, gehört Arnold Dolmetsch zu den Pionieren der restaurativen Revitalisierungsbewegung von Aufführungsgegebenheiten der Musik früherer Jahrhunderte, insbesondere der Instrumentalmusik. In einer Familie von Musikern und Handwerkern aufgewachsen, lernte er in der Werkstatt seines Vaters den Klavierbau, bevor er sich auch der instrumentalen Praxis zuwandte und bei Henri Vieuxtemps in Brüssel Studien betrieb. Nach seinem Wechsel nach England begann er alte Tasteninstrumente zu restaurieren und sie in öffentlichen Konzerten vorzuführen. Private Gründe zwangen ihn, für einige Jahre in die USA zu gehen, wo er in der Werkstatt von Chickering & Sons in Boston seine besten Cembali, Clavichorde, Lauten und Violen baute. Das englische Haslemere, in das er 1917 übersiedelte, wurde bis zu seinem Tode ein Zentrum für die Wiederbelebung alter Instrumentalmusik unter Verwendung des Instrumentariums früherer Jahrhunderte. Bei Festivals, die er seit 1925 regelmäßig veranstaltete, trafen sich erste Anhänger der Musik des 17. und 18. Jahrhunderts und wurden Zeugen der Wiedereinbeziehung der seit 1750 in den Hintergrund getretenen Blockflötenfamilie, die vollständig zu rekonstruieren 1926 gelungen war. Gemeinsam mit dem Deutschen Peter Harlan, der zur selben Zeit in Markneukirchen alte Instrumente baute, legte er den musikalischen Grund für die Jugendbewegung, die Blockflöte und Klampfe rasch aufgriff. Gehört heute die seriöse Beschäftigung mit Aspekten der musikalischen Praxis des 17. und 18. Jahrhunderts sowohl zum kanonisierten Bestand der Musikhochschulen und Konzertprogramme, so geht der Beginn dieser gewichtigen Bewegung vom Kreis um Dolmetsch aus. Er hat über die genannten praktischen Aktivitäten hinaus 1929 die Zeitschrift ‚*The Consort*' gegründet und zahlreiche instrumentenkundliche wie aufführungspraktische Publikationen hinterlassen, deren Sachwalter und kundiger Nachfolger der Sohn Carl Frederick Dolmetsch wurde. – Die nebenstehende Kreidezeichnung stammt von Sir William Rothenstein *„to the lute-player, in admiration, May 1897"* (London, National Portrait Gallery, R. N. 4641).

Francisco d'Andrade

Im Banne Richard Wagners, der an die Sänger seiner Bühnenwerke höchste, vom Belcanto sich entfernende darstellerische Anforderungen stellte, sah eine ganze Sängergeneration die höchste künstliche Verwirklichung in der Realisation ausschließlich seiner Partien. Man sprach vom Tristan Ludwig Schnorr von Carolsfelds, der Isolde Rosa Suchers oder dem Sachs Karl Schademanns. Erst die Anforderungen, die der italienische Verismo an die Sänger stellte, schufen die Voraussetzung für den ‚universalen' Sänger, der dramatisch, beweglich und lyrisch zugleich sein sollte. Francisco d'Andrade, am 11. Januar 1859 in Lissabon geboren und am 8. Februar 1921 in Berlin gestorben, gilt in dieser Phase besonders durch seine beispielgebende Gestaltung des ungebundenen, vitalen Liebhabers Don Giovanni in der gleichnamigen Oper Wolfgang Amadeus Mozarts als Inbegriff der Mozartschen Idee, der Verkörperung sinnlicher Genialität. Seit den ersten Auftritten d'Andrades 1889 an der Hofoper in Berlin ist sein Name besonders mit der dortigen Opernszene verbunden. Von 1906 bis zum Ende seiner Karriere war er ständiges Mitglied des Ensembles, gastierte jedoch auch erfolgreich an den Bühnen Westeuropas, besonders in Rom, Mailand und London. Zu d'Andrades uneingeschränkten Bewunderern gehörte der Maler und Theaterenthusiast Max Slevogt. Die Bühnenentwürfe Slevogts zum Don Giovanni zählen in der Aufführungsgeschichte dieser Oper zu den bedeutendsten Ansätzen einer im heutigen Sinne modernen Realisation. Darüber hinaus suchte er in zahlreichen zeichnerischen Entwürfen, Lithographien und Radierungen den beispielhaften d'Andrade in der Rolle des Don Giovanni festzuhalten, dessen Dämonie und triebhafte Darstellung ihn 1902 zu einem der heute meistreproduzierten Gemälde inspirierte: Der weiße d'Andrade, das Champagnerlied singend (Stuttgart, Württembergische Staatsgalerie). Nicht weniger ausdrucksstark ist die hier reproduzierte Radierung („der schwarze d'Andrade"), die, aufs Wesentliche reduziert, den Sänger im 3. Bild zeigt. Er hat sich vor dem Standbild des Komturs mit seinem Diener Leporello eingefunden und vernimmt die warnenden Stimmen der Toten: – „Gönn Ruhe den Toten" –, Stimmen, die ihn trotz der nahenden Entlarvung nur zu Spott herausfordern (Karlsruhe, Staatliche Kunsthalle, Inv. Nr. 1936–414).

Frederick Delius

Frederick (Fritz) Theodor Albert Delius, der am 29. Januar 1862 im englischen Bradford-Claremont geboren wurde, starb am 10. Juni 1934 in seinem Landsitz im französischen Grez-sur-Loing. Er hatte die Besitzung 1888 erworben, nachdem er sich entschlossen hatte, nicht das Geschäft seines Vaters zu übernehmen, sondern sich der Musik zu widmen. Bis auf die Zeit der kriegerischen Ereignisse zwischen 1914 und 1918 konnte er hier gemeinsam mit der Malerin Jelka Rosen ein ausschließlich der Kunst zugewandtes Leben führen, ohne eine offizielle Stellung innezuhaben. Im Kreise von Künstlern vieler Sparten, unter ihnen Paul Gauguin, William Molard, Ida Gerhardi, Edward Munch und später Auguste Rodin, deren Bohemien-Soireen legendären Ruf bekamen, entstanden Werke, die von Claude Debussy, alias Monsieur Croche, 1901 treffend geschildert wurden. ,,Ständig läßt sich eine Note müde auf einem Dreiklang nieder, wie eine vom Blick des Mondes ermattete Seerose auf dem Wasser, oder sitzt auf ihm fest wie ein kleiner, in Wolken eingeschlossener Balkon. Alles in dieser Musik ist ungreifbar!" Unabhängig vom gleichzeitigen sogenannten Impressionismus setzte Delius seelische Stimmungen in Musik um, deren verfeinerte resignative Besonderheit von Thomas Beecham erkannt wurde und für deren Verbreitung der Dirigent seit 1909 namentlich in London einzutreten begann, so daß die Orchesterwerke (etwa *,Sea-drift'* für Bariton, Chor und Orchester oder ,Lebenstanz'), Solokonzerte und das 5 Opern umfassende dramatische Werk auch in Delius' Heimatland bekannt wurden. – Auf Grund der familiären Nähe zur bildenden Kunst sind ab 1890 zahlreiche Porträts und Büsten angefertigt worden, die den introvertierten Komponisten wiedergeben. Sein Garten bot nicht selten die Kulisse für Porträtskizzen namentlich seiner Frau Jelka, die jede Phase des Lebens ihres Mannes festhielt, das leidvoll endete: er war an den Rollstuhl gefesselt und erblindet. Erhalten hat sich die Korrespondenz mit Edward Munch, der, der Familie befreundet, von Jelka aufgefordert wurde, ein letztes Porträt von Delius zu malen, wozu er durch dessen seelische Nähe prädestiniert sei. Unter der großen Zahl namhafter Maler, die am Tage des sechzigsten Geburtstags den Komponisten aufgesucht hatten, war auch Max Beckmann, dessen lithographierte Zeichnung hier wiedergegeben sei (Kunstsammlungen Veste Coburg, Inv. Nr. 276, 67 × 38 cm).

Claude Debussy

Als ein Komponist, unter dessen Händen sich die ,blaue Blume' der Romantik in die *,fleurs du mal'* (Charles Baudelaire) verwandelte, der sich gern als Verächter der akademischen Tradition sah, steht Claude Debussy als Wegbereiter am Beginn des sogenannten musikalischen Impressionismus. Er wurde am 22. August 1862 in Saint-Germain-en-Laye geboren und starb am 25. März 1918 in Paris. Unter dem Postulat, den Sonnenuntergang zu beobachten sei nützlicher als die Pastoral-Symphonie Ludwig van Beethovens zu hören, ging es ihm um eine Musik, die ähnlich der impressionistischen Malerei den Sinneneindruck einfangen sollte. Dies sollte nicht als ,,direkte Nachahmung, sondern seelische Übertragung dessen, was in der Natur nicht sichtbar ist", verstanden werden. Inspiriert von russischer, javanischer und indischer Musik, die man damals bereits auf Weltausstellungen hören konnte, schuf er Werke, deren harmonisches Material bis an die Grenze der Aufhebung der Tonalität erweitert wurde, wodurch ihm Schilderungen von Naturereignissen wie Nebel, Wolken, Wasserspiegelungen gelangen, etwa in den drei symphonischen Skizzen *,La Mer'* (1903–1905) oder dem *,Prélude à l'après-midi d'un faune'* (1892–1894), seinem ersten großen Orchesterwerk. Der Chinoiserie-Sammler, der sich mit exotischen Katzen umgab und extravagante grüne Krawatten liebte, legte seine Musikanschauung in einer Artikelserie dar, die unter der literarischen Maske des *,,Monsieur Croche antidilettante"* 1921 erschien; sie enthielt maliziöse Äußerungen, in denen er nicht nur seine Gegnerschaft zum zeitgenössischen Musikbetrieb anmeldete, sondern auch detaillierte Schilderungen damals in Paris favorisierter Musikwerke gab. Ähnlich wie vor ihm Hector Berlioz spottete er über die Verleihung des Rompreises, der ihn 1884 selbst in die italienische Metropole brachte. – Wegen des zurückgezogenen Lebens, das Debussy in Paris führte, ist die Zahl der repräsentativen Porträts gering. Auf dem Gipfel seiner Karriere, 1902, im Jahre der Uraufführung seines *,drame lyrique en 5 actes: Pelléas et Mélisande'* nach Maurice Maeterlinck, entstand das Porträt von Jacques-Émile Blanche, der den Ehrgeiz entwickelt hatte, alle Größen von Paris zu porträtieren. Das großzügig angelegte Gemälde wurde erstmals 1903 im Salon der *Société nationale des Beaux-Arts* ausgestellt und befindet sich heute in der Collection Madame Jobert-Georges in Paris (0,92 × 0,74 cm).

Alphons Diepenbrock

Nebenstehende Künstlerpostkarte mit Widmung zeigt den Holländer Alphons Johannes Maria Diepenbrock, der die Photographie im Februar 1910 dem „*meesterlyken Vioolbouwer K. v. d. Meer*“ gewidmet hat. Am 2. September 1862 in Amsterdam geboren und am 5. April 1921 dort gestorben, gehörte er zu jenen hochgebildeten Musikern, die wegweisend in der Musikgeschichte der Niederlande wirkten. Auch wenn zu Lebzeiten nur weniges aus seinem etwa hundert Opera umfassenden kompositorischen Schaffen gedruckt wurde, setzte er besonders mit der monumentalen Missa für Tenor-Solo, doppelten Männerchor und Orgel neue Maßstäbe in der katholischen Kirchenmusik seines Landes. Die Uraufführung dieses als Prachtausgabe 1896 verlegten Werks scheiterte zwanzig Jahre am ‚*nihil obstat*‘ der geistlichen Behörden, die das Neue des Stücks ablehnten. Diepenbrocks Kompositionen, die das Ergebnis autodidaktischer Arbeit waren – er lebte nach seinen Studien der klassischen Philologie als Privat- und Gymnasiallehrer in s'Hertogenbosch, später in Amsterdam – blieben zeit seines Lebens singulär in ihrer Faktur. Er suchte sich in seinem überwiegend vokalen Schaffen an die Werke der franko-flämischen wie italienischen Schule des 16. Jahrhunderts anzulehnen. In seinen Kompositionen, die eine reiche Chromatik kennzeichnet, war ihm vor allem an der Verdeutlichung des Textes gelegen. Die beiden ‚Hymnen an die Nacht‘ von 1899 nach Texten von Novalis etwa stehen dem ‚Lied von der Erde‘ von Gustav Mahler (1908) nahe. Der substantielle Wert von Diepenbrocks Kunst wurde erst nach dessen Tod gewürdigt. Ein Diepenbrock-Fonds machte sich die Herausgabe seines musikalischen Nachlasses zur Aufgabe. Heute gehört Diepenbrock für die Phase des musikalischen Aufschwungs an der Wende zum 20. Jahrhundert, der durch die Gründung zahlreicher Institutionen, etwa der *Hollandsche Opera* (1886) in Den Haag oder der drei Symphonieorchester, vor allem des *Concertgebouworchest Amsterdam* (1888) gekennzeichnet ist, zu den renommiertesten Komponisten seines Landes.

Den meesterlyken vioolbouwer K v d Meer
Hoogachtend
van Alphons Diepenbrock
Febr 1910

Eugen d'Albert

Von den 21 Opern, der zahlreichen stileklektizistischen Instrumentalmusik sowie den Liedern und Klavierbearbeitungen Eugen d'Alberts ist im Repertoire heutiger Konzertsäle und Opernhäuser nur noch weniges geläufig. Lediglich das 1903 in Prag uraufgeführte Musikdrama ‚Tiefland' fand eine breite Resonanz beim Publikum. Er hatte in diesem Werk versucht, den italienischen Verismo auf die deutsche Bühne zu bringen, was ihm auf Grund der allzu drastischen Stoffwahl nur bedingt gelang. Es geht um die Widerspiegelung reaktionärer spanischer Verhältnisse zu Beginn des Jahrhunderts, ein Sujet, das in dem Schauspiel *‚Terra baixa'* des Spaniers Angel Guimerá vorgezeichnet war, das d'Albert seiner Oper zugrunde legen konnte. Als Sohn eines deutschen Tanzmusikers am 10. April 1864 zu Glasgow geboren und am 3. März 1932 in Riga gestorben, war er eine Doppelbegabung, die früh erkannt und gefördert wurde. Hauptsächlich von Franz Liszt ausgebildet, der ihn freundschaftlich *„Albertus magnus"* nannte, wirkte d'Albert sowohl als Komponist, der sich im Sommer auf einem Landsitz am Lago Maggiore dem Komponieren widmete, als auch als reisender Konzertpianist. Das Außergewöhnliche dieser Persönlichkeit fing Felix Salten 1913 in einer für die damalige Künstlerverehrung typischen expressionistischen Beschreibung ein, in der es heißt: „Aber in der Glut des Musizierens wird dieses Antlitz von unergründlichen Tiefen her magisch erleuchtet. Das sind die Momente, in denen d'Albert stärker, näher als andere, unheimlicher und aufwühlender an das Urwesen Beethovens rührt" (‚Gestalten und Erscheinungen', Wien 1913). – Der gesellschaftlich hohen Stellung des mit zahlreichen Künstlern, etwa Gerhart Hauptmann oder Max Klinger befreundeten d'Albert, dessen sechs Eheschließungen die Tagespresse beschäftigten, entspricht eine reiche Porträthinterlassenschaft, der eine Lithographie von Emil Orlik aus dem Jahre 1917 entnommen sei. Emil Orlik gehört gemeinsam mit Fred Dolbin und Eugen Spiro zu den Malern und Graphikern, die in zahlreichen Serien Porträts bedeutender Zeitgenossen vorlegten (Münster, Westfälisches Landesmuseum für Kunst und Kulturgeschichte, Inv. Nr. 81–2–486).

EVGEN · D'ALBERT · 1917
Emil Orlik 1917

Richard Strauss

Richard Strauss gehörte bis zu seinem Tode am 8. September 1949 in seiner damals abgeschiedenen Landhaus-Villa in Garmisch zu den nahezu uneingeschränkt umjubelten Komponisten. Bereits 1911 widmete ihm Gustav Kanth im ‚Bilder-Atlas zur Musikgeschichte von Bach bis Strauss' vier ausführliche Textseiten, in denen er den am 11. Juni 1864 zu München Geborenen als „musikalischen Sprecher unserer Zeit" apostrophierte. Man konnte zum Zeitpunkt des Erscheinens dieses großformatigen Bildbandes das Œuvre eines Siebenundvierzigjährigen resümieren. Dessen bahnbrechende sinfonische Dichtungen ‚Don Juan' (1889), ‚Till Eulenspiegels lustige Streiche' (1895), ‚Also sprach Zarathustra' nach Friedrich Nietzsche (1896) oder ‚Ein Heldenleben' (1898) mit Zitaten aus eigenem Schaffen und mithin der Intention eines musikalischen Selbstporträts sowie dessen Opern ‚Salome' (1905), ‚Elektra' (1909) und ‚Der Rosenkavalier' (1911) lagen bereits vor. Strauss suchte als einer der ersten Dirigenten neben Arturo Toscanini, den Film für sich zu gewinnen, um seine Popularität zu steigern. So wurde 1926 seine heitere Komödie ‚Der Rosenkavalier' verfilmt, an deren sensationellem Erfolg Hugo von Hofmannsthals Dichtung bedeutenden Anteil hatte. Dieser einzigartigen Verbindung zwischen Strauss und Hofmannsthal entstammen insgesamt 9 Bühnenwerke und ein umfangreicher Briefwechsel. Während der Zeit nach der Machtergreifung Adolf Hitlers zum Aushängeschild deutscher Kunst stilisiert und zum Präsidenten der Reichsmusikkammer berufen, um für die Belange der Musiker einzutreten, die er mit der Gründung der GEMA (1915) zur Neuordnung des Urheberrechts schon zu unterstützen begonnen hatte, befand sich der Komponist auf dem Zenit seines Ruhms. Gesucht von Malern wie Lovis Corinth, der für das Textbuch und den Klavierauszug der ‚Elektra' die Umschlagzeichnung schuf, Max Liebermann oder Ferdinand Schmutzer, konnte er sich ein Leben einrichten, in dem er, umgeben von Antiquitäten, der großbürgerlichen Attitüde frönte. Dieser Attitüde entspricht auch sein Porträtnachlaß. Die seltener publizierte, undatierte Kaltnadelradierung des Münchener Porträtisten Karl Bauer zeigt den reiferen Strauss in der für ihn typischen Pose (Marbach, Schiller-Nationalmuseum, Inv. Nr. B 68 30 Gr. F., 29,2 × 22 cm).

Carl Nielsen

War die Musik in Dänemark um die Wende zum 20. Jahrhundert vor allem vom Nachklingen der Leipziger Schule bestimmt, so gelang es dem am 9. Juni 1865 in Nørre Lyndelse bei Odense (Fünen) als Sohn eines Dorfmusikanten geborenen Carl August Nielsen, auf nahezu allen Gebieten der Musik zum nationell getönten Vorbild für die nachfolgende Komponistengeneration zu werden. Für den am Palestrinasatz Geschulten galt bereits vor 1900 der Primat der Polyphonie und mithin des Linearen, der erst im Verlauf des 20. Jahrhunderts als Forderung allgemein dominant wurde. Auch wenn er der unsentimentalen romantischen Tonsprache Johann Emilius Hartmanns oder Johan Svendsens folgte und tief beeindruckt vom Schaffen Richard Wagners war, dessen Opern er für die „energiegeladenste aller bislang geschriebenen Musik" hielt (Nielsen ‚Briefe'), so beschritt er in seiner ersten Oper *‚Saul og David'* einen ähnlichen Weg, wie ihn später Arthur Honegger mit der Vertonung desselben Stoffs einschlug. Die Oper, die oratorienhafte Züge trägt, wurde 1902 noch während Nielsens Anstellung als Geiger in Det Kongelige Kapel in Kopenhagen uraufgeführt und gehört bis heute zu den am häufigsten aufgeführten Opern des neueren Repertoires in Dänemark. Nielsens Polyphonievorstellung ist am markantesten in dessen vokalem Schaffen ausgeprägt, etwa im *‚Hymnus amoris' op. 12* (1898), der durch ein Gemälde von Tizian angeregt wurde, das auch seine Frau, die Bildhauerin Anne Marie, zu einem (nicht vollendeten) Relief veranlaßte. Große Popularität erlangten seine Lieder, die der Forderung von Johann Abraham Peter Schulz nach dem „Schein des Bekannten" bewußt folgen und schlichte, nationell gemeinte Weisen sind. Als Dirigent und Lehrer am Königlich Dänischen Musikkonservatorium, dessen Direktor er 1931, wenige Monate vor seinem Tode, wurde, war Nielsen überaus verehrt. Er starb am 3. Oktober 1931 in Kopenhagen. Seiner Frau hatte er 1925 die Essaysammlung *‚Levende Musik'* gewidmet, in der er seinen Ansichten über die Kunst Ausdruck verlieh. – Anne Marie Carl-Nielsen schuf mehrere Plastiken und Büsten von ihrem Mann, etwa ein Reiterstandbild, dessen Reiter die Porträtzüge des Komponisten tragen. Nebenstehende Büste ist ebenfalls von ihr gemeißelt worden und befindet sich heute in der königlichen Bibliothek Kopenhagen.

Émile Jaques-Dalcroze

Die Akkulturationserscheinungen des 20. Jahrhunderts haben das Bild vom Tanzen wesentlich verändert. Nicht nur suchte man, von der amerikanischen Tänzerin Isadora Duncan (1878–1927) ausgehend, nach einem ‚natürlichen Ausdruckstanz', welchen man als neue Form des erstarrten akademischen Tanzes proklamierte, den man von der Antike ableiten zu müssen glaubte, man befreite sich auch vom Ideal des klassischen Tanzes durch Bewegung und Rhythmus an sich. Émile Jaques-Dalcroze (der Künstlername Dalcroze bezieht sich auf den Geburtsort des Vaters, Sainte-Croix), der am 6. Juli 1865 in Wien geboren wurde und am 1. Juli 1950 in Genf starb, steht am Beginn dieser neuen Idealität, in der erstmals Musik und Rhythmus zum Erzieher des ‚schönen Körpers' berufen wurden, der zur sittlichen Reinheit geführt werden sollte. Zum Komponisten und Musikerzieher in Genf und Wien ausgebildet, folgte Dalcroze 1910 einem Ruf nach Hellerau bei Dresden, wo ihm von den Brüdern Dohrn die ‚Bildungsanstalt für Musik und Rhythmus' errichtet wurde, die er bis zum Ausbruch des Ersten Weltkriegs leitete. Von dort verbreitete er durch einen großen internationalen Schülerkreis seine Lehre von der ‚rhythmischen Gymnastik', eine Methode, die fortan in zahlreichen, insbesondere in den Jahren nach dem Ersten Weltkrieg gegründeten Tanzschulen gelehrt wurde und zu scharfen kontroversen Auseinandersetzungen zwischen Ballett einerseits und Ausdruckstanz andererseits geführt hat. Bevor Dalcroze nach Genf ging, stellte er mit seinen Schülern eine aufsehenerregende Neugestaltung des ‚*Orfeo*' von Christoph Willibald Gluck vor. In Genf begründete er das Institut Jaques-Dalcroze, das heute von seinen Schülern weitergeführt wird. Sie folgen den Intentionen ihres Lehrers, die er in dem dreibändigen Werk ‚Methode Jaques-Dalcroze', der Zusammenfassung seiner musikhistorischen Schriften herausgebracht hatte. Dalcrozes ideologiebehaftete Methode wurde nicht von allen Tanzexperten einhellig begrüßt. So verfaßte der Musikschriftsteller Oscar Bie eine Studie: ‚Die Dalcrozienne', in der er die Arbeit des Erziehers persifliert: „... Alle scheinen sie klein gegen den befrackten Dalcroze, der sie vom Klavier aus an den Fäden zieht ..." Diesen befrackten Dalcroze hielt auch der Karikaturist Hans Lindloff 1912 in einer Tuschzeichnung fest, die hier wiedergegeben sei (Kassel, Deutsches Musikgeschichtliches Archiv).

Jean Sibelius

Julius Christian Sibelius, der sich nach einem Onkel Jean nannte, wurde am 8. Dezember 1865 in Hämeenlinna geboren und starb am 20. September 1957 zu Järvenpää bei Helsinki. Die wechselvolle musikgeschichtliche Entwicklung Finnlands, das 1809 von Schweden an Rußland abgetreten wurde, fand in Sibelius einen bedeutenden Höhepunkt. Inspiriert von der Mythologie und dem Volksgesang Finnlands, die vor ihm auch Komponisten wie Aksel Gabriel Ingelius (1822–1868) oder Johan Filip von Schantz (1835–1865) beschäftigten, setzte er mit Tondichtungen wie *‚En saga‘* (1892), die sich auf Gestalten und Ereignisse des Nationalepos *‚Kalevala‘* berief, besonders aber mit *‚Finlandia‘* (1899/1900) symbolische Signale auf dem Wege zur Unabhängigkeit in Zeiten zaristischer Unterdrückung. Sibelius, der als Stipendiat 1889 nach Berlin und Wien gegangen war, um Musik zu studieren, kehrte als der international bekannteste Komponist nationalfinnischer Musik in sein Land zurück. Er erlangte mit der Unterstützung seiner Verleger eine bescheidene Unabhängigkeit und konnte sich 1926 aus jeder öffentlichen Aktivität, etwa als Lehrer am Konservatorium von Helsinki, zurückziehen. Sein Leben, das schon in frühen Jahren durch seinen Alkoholismus beeinträchtigt war, endete in zunehmender Isolation und Vereinsamung. 7 Symphonien bilden den Schwerpunkt in Sibelius' Schaffen. Von spezifisch finnischem Kolorit sind seine zahlreichen Chorwerke, etwa *‚Oma maa‘* (‚Unser Land‘) op. 92 oder *‚Jordens sång‘* (‚Das Lied der Erde‘) op. 95 geprägt. – Sibelius hatte sich der Künstlergemeinschaft *‚Nuoven Suomen piivi‘* (‚Junges Finnland‘) angeschlossen, die im finnischen Kulturleben der Jahrhundertwende große Bedeutung hatte; sie wurde 1894 in nebenstehendem Ölgemälde von Akseli Gallen-Kallela dargestellt. Das Gemälde mit dem Titel *‚Symposion‘* gilt als die symbolistische Hauptarbeit Gallens und zeigt drei Männer (Sibelius rechts) vor ihren Gläsern; sie lassen sich vom Flügelrauschen des ägyptischen Gottes der Unterwelt Osiris mystisch inspirieren, während im Hintergrund bereits Jupiter sichtbar wird und in der Krone eines Baums „die freien Weltwinde ihren ewigen Machtgesang singen“ (Kasimir Leino). Das Bild (74 × 99 cm) befindet sich in Privatbesitz in Helsinki.

Ferruccio Busoni

Eine Persönlichkeit von europäischem Format, umgeben von Schriftstellern wie Jakob Wassermann oder Stefan Zweig, die den ,,Mann von erstaunlicher Schönheit, sehr gepflegt, sehr verwöhnt, emporgehoben durch den Beifall der Welt, umleuchtet von der Liebe seiner Schüler, Bewunderer und Anhänger" (Wassermann) literarisch porträtiert, festhielten, war Ferruccio Benvenuto Busoni. Am 1. April 1866 in Empoli bei Florenz geboren und als pianistische wie kompositorische Frühbegabung von den Eltern gefördert, wählte er ab 1894 Berlin zu seinem Hauptwohnsitz, das als Reichshauptstadt sowie Residenz des ehrgeizigen Kaisers einen wirtschaftlichen und gesellschaftlichen Aufschwung genommen hatte und zum bevorzugten Anziehungspunkt für Künstler wie Intellektuelle geworden war. Zuvor war er lehrend in Helsingfors, Moskau und Boston tätig gewesen und hatte zahlreiche Verpflichtungen als Konzertpianist wahrgenommen. Busoni, den internationale Erfahrungen über die Engheiten nationalen Bewußtseins hinweggetragen hatten und der mit sechs Idiomen umging, legte seine künstlerische Überzeugung in der Schrift ‚Entwurf einer neuen Ästhetik der Tonkunst' (1907) nieder, die er Rainer Maria Rilke zueignete. Die Schrift, die zahlreiche Probleme von musikalischer Produktion und Reproduktion, der Technik und Ästhetik wie des Tonsystems behandelt, stempelte ihren Urheber zum Wortführer der Futuristen, wogegen er sich verwahrte. Sein Werk bezeichnete er als ,,Junge Klassizität", als ,,die Meisterung, die Sichtung und Ausbeutung aller Errungenschaften vorausgegangener Experimente: ihre Hineintragung in schöne und feste Formen", als ,,das Wiederergreifen der Melodie". Sein Name ist sowohl mit der Renaissance der Werke Johann Sebastian Bachs verbunden, dem er sich zeit seines Lebens stilparodistisch anzunähern trachtete, als auch mit Experimenten auf dem Gebiet der Harmonik und Koloristik. Busonis größtes Opernwerk, das man jüngst für die Bühne wiederzuentdecken begann, ‚Doktor Faustus', konnte er nicht mehr vollenden. Verarmt und zutiefst erschüttert über den Ersten Weltkrieg, in dessen Verlauf er in der Schweiz lebte, starb er am 27. Juli 1924 in Berlin. Sein Nachlaß mußte nahezu gänzlich veräußert werden. – Die Lithographie von Eugen Spiro zeigt Busoni in späteren Jahren (Münster, Westfälisches Landesmuseum für Kunst und Kulturgeschichte, Inv. Nr. 81.2.481).

Erik Satie

In nebenstehendem Porträt sei der erbarmungslose Spaßmacher Erik Alfred Leslie Satie vorgestellt, der zu den Einzelgängern seiner Zeit gehörte. Er erscheint hier als der philiströse, abwägende und prüfende Satie, wie ihn Jean Cocteau 1920, fünf Jahre vor dem Tod des Komponisten, sah (Foto: Archiv für Kunst und Geschichte, Berlin). Das ‚realistische' Ballett ‚Parade', das Satie in Zusammenarbeit mit Jean Cocteau, Pablo Picasso und Sergej Diaghilew als erstes kubistisches Ballett herausbrachte, dessen Uraufführung 1917 zu einem gesellschaftlichen Skandal wurde, gab einer Gruppe junger Musiker den Anstoß, sich den musikalischen Intentionen Saties anzuschließen und die *‚Groupe des Six'* zu gründen. Das Publikum jedoch vermochte der visionären Schilderung eines neuen Menschenbildes, dem Sirenengeheul und Schreibmaschinengeklapper, nicht zu folgen. Satie ist am 17. Mai 1866 in Honfleur geboren worden und genoß eine im wesentlichen auf die eigene Phantasie gestellte musikalische Ausbildung, da er nach wenigen Jahren des Studiums am Pariser *Conservatoire* aus dem Institut ausgeschlossen wurde. Seinen Lebensunterhalt verdiente er sich als Pianist in diversen Cafés am Montmartre, etwa in der *‚Auberge du Clou'* oder dem *‚Chat Noir'*. Seine in diese Jahre fallende mystische Phase, in der er der Wiederbelebung mittelalterlicher Konstruktionsprinzipien großes Gewicht beimaß, etwa durch Werke wie *‚Sonneries de la Rose-Croix'* (1892) oder den *‚Danses gothiques'* (1893), erklärt sich aus seiner Begegnung mit dem Rosenkreuzerorden, dessen Hauskomponist er ab 1890 war. Nachdem er jedoch den Montmartre verlassen hatte und in das Arbeiterviertel Arcueil gezogen war, das damals zum Mittelpunkt moderner Kunstbewegungen wurde, wich diese Erneuerungssuche immer mehr einem Nonkonformismus mit bewußt aggressivem Verhalten, als dessen Ziel- und Endpunkt 1917 das ‚kubistische Manifest', jenes oben skizzierte Ballett stand. Musik sollte einfach sein, zum alltäglich gebrauchten Hintergrund *(musique d'ameublement)* werden. Zu den Besonderheiten seiner Schreibweise gehören verschleierte Titel wie *‚Pièces froides'* (1897) und Klangbänder, die ohne Dynamik, Metrum oder Harmonik von beliebiger Länge sind und die er in zahlreichen essayistischen Briefen humorvoll deutet. Er starb nahezu ohne eine Hinterlassenschaft am 1. Juli 1925.

a mon cher Erik Satie
Jean Cocteau
1920

Arturo Toscanini

Waren Dirigenten im 19. Jahrhundert bis auf wenige Ausnahmen vorrangig Komponisten, so änderte sich das im 20. Jahrhundert grundlegend. Carl Muck (1859–1940) war zum Beispiel stolz darauf, daß er sich ganz in den Dienst der Wiedergabe gestellt habe. Seither fesselt der Dirigent mit der „Allure des Gewaltherrschers" (Th. W. Adorno) die Einbildungskraft der Zuhörer im Konzertbetrieb wie kein anderer reproduzierender Künstler. Dem *‚Maestro'* des Taktstocks wird heute vor allen sonstigen Virtuosen gehuldigt. Ein gerader Weg geht von Hans von Bülow über Gustav Mahler zu Arturo Toscanini, der ein Fanatiker seines Fachs war. Begabt mit einem phänomenalen Gedächtnis, dirigierte er sowohl im Opernhaus als auch im Konzertsaal auswendig, forderte metronomische Präzision und entwickelte, wo immer er probte, die Ensembles zu Spitzenklangkörpern. Am 25. März 1867 wurde er in Parma geboren, er starb in New York am 16. Januar 1957. Von 1898 bis 1903 leitete er, auf den die Impresarii schon früh aufmerksam wurden, die Mailänder Scala. 1908 übernahm er die gleiche Funktion an der Metropolitan Opera in New York, die seinem und dem gleichzeitigen Wirken Enrico Carusos eine Glanzzeit verdankt. Nach einigen Jahren, die er wieder in Italien verbrachte, wurde er der Leiter der New York Philharmonic Society, die triumphale Erfolge errang und von ihm zu einem vorbildlichen Orchester geformt wurde, das willens war, sich der kompromißlosen und unerbittlichen Zeichengebung Toscaninis zu unterwerfen, dem öffentlicher Beifall und Ehrungen wenig galten. Zahlreiche Welturaufführungen sind von ihm dirigiert worden: *‚I Pagliacci'* (1892) von Ruggiero Leoncavallo, *‚La Bohème'* (1896), *‚La Fanciulla del West'* (1910) und die unvollendete *‚Turandot'* (1926) von Giacomo Puccini. Als erklärter Gegner des faschistischen Regimes zog er sich 1936 aus seinen Verpflichtungen in Deutschland, Österreich und Italien nach Israel zurück und kehrte erst 1946 wieder in sein Heimatland zurück, wo er 1949 die Musikfestspiele in Venedig eröffnete. Vielfach porträtiert und in zahlreichen Büsten verewigt, ist Toscanini besonders in Opernhäusern immer noch präsent. Der Dirigent sei hier in einer trefflichen Photographie vorgestellt (Berlin, Archiv für Kunst und Geschichte, Inv. Nr. I T 759 A/2). Fotos ließ er nur in Ausnahmefällen von sich anfertigen, da er die notwendigen Blitzlichter nicht ertrug.

Albert Roussel

Ein Komponist, der „immer nach der Vervollkommnung des äußeren Plans *[dessin]* der Konstruktion und des Rhythmus" gesucht hat und dessen Hauptanliegen die Form und deren folgerichtige Entwicklung war, war Albert Charles Paul Marie Roussel. Anders als Claude Debussy, Maurice Ravel, Erik Satie oder Arnold Schönberg, dessen Versuche er als „artifiziell" ablehnte, sah Roussel die musikalische Erneuerung in der Rückbesinnung auf die Klassik. Gemeinsam mit den Neoklassizisten wandte er sich gegen deskriptive Elemente in der Musik. Er schuf Werke, die an den Formprinzipien des 18. Jahrhunderts orientiert blieben, jedoch bereichert wurden durch klangliche wie rhythmische Exotismen; diese zog er aus seinen Erfahrungen, die er auf ausgedehnten Reisen außerhalb Europas machen konnte, und ließ sie in seine Kompositionen einfließen. Roussel, der am 5. April 1869 in Tourcoing (Nord) geboren worden war, hatte zunächst die Laufbahn eines Marineoffiziers eingeschlagen. Diese Funktion ermöglichte ihm das Kennenlernen asiatischer Musiksysteme. Nach seinem Abschied aus diesem Dienst an der Pariser *Schola Cantorum* bei Vincent d'Indy ausgebildet, vermied er es, sich einer Gruppierung anzuschließen. Er fand als Lehrer für Kontrapunkt an der *Schola* ein geregeltes Auskommen. Die Integration ungewöhnlicher rhythmischer Strukturen in 5/4-, 7/4-, oder 16/8-Takten, gepaart mit sensiblen lyrischen Melodiebögen, machten ihn rasch bekannt. Aus dem umfangreichen Œuvre des Komponisten ist heute jedoch nur mehr weniges geläufig. Genannt seien die drei Ballette ‚*Le Festin de l'Araignée*' (1913), ‚*Bacchus et Ariane*' (1931) und ‚*Aenéas*' (1935), die zur Zeit ihres Entstehens ob ihres subtilen, spätimpressionistischen Kolorits großen Erfolg hatten. Zu Roussels zentralen Werken gehören neben 40 Liedern und Kammermusik drei ‚klassische' Symphonien, die in ihrer Faktur nach den Symphonien des 18. Jahrhunderts ausgerichtet sind. Roussel starb am 23. August 1937 in Royan. – Er wurde oftmals in Porträts als feinsinniger, sensibler Künstler dargestellt. Die hier abgebildete Photographie wurde in seinen mittleren Jahren von einem unbekannten Photographen aufgenommen (Wien, Bildarchiv der Österreichischen Nationalbibliothek, Inv. Nr. Pf 2309/1).

Hans Pfitzner

Am 5. Mai 1869 in Moskau als Sohn eines Orchestermusikers geboren, am 22. Mai 1949 in Salzburg, seiner neuen Wahlheimat, gestorben und auf dem Wiener Zentralfriedhof begraben, gehört Hans Pfitzner als überzeugter Patriot zu jenen Komponisten, deren Schaffen wie Persönlichkeit unterschiedlich beurteilt werden, da seine in zahlreichen Schriften niedergelegte Kunstanschauung bereits zu Lebzeiten auf offenen Widerstand stieß. Namentlich die von ihm neubelebte Kontroverse über die musikalische Inspiration, für die Pfitzner mit unerbittlicher Feder in der Überzeugung stritt, die aus dem 19. Jahrhundert tradierte Autonomieästhetik in das 20. Jahrhundert übertragen zu können gegen ,,des Bewußtseins Licht, das tödlich grelle" (Pfitzner), rief dessen ,avantgardistischen' Gegner auf den Plan. Zu einem persönlichen Bekenntnis im Sinne Schopenhauerscher Philosophie wurde seine musikalische Legende ,Palestrina' (1917), die resignativ mit dem Vierzeiler schließt: ,,Nun schmiede mich, den letzten Stein, an einem deiner tausend Ringe, du Gott – und ich will guter Dinge und friedvoll sein", den er dem ,Retter der Musik' (Palestrina) in den Mund legt. Pfitzner wirkte nach seinem in Frankfurt am Main beendeten Studium von 1908 bis 1918 in Straßburg, wo er den ,Palestrina' abschloß, der 1917 in München eine denkwürdige Uraufführung erfuhr, die sich auch in der Porträthinterlassenschaft Pfitzners durch zahlreiche Anspielungen niederschlug, etwa in dem durch Karl Bauer gestalteten Titelblatt der Zeitschrift ,Jugend' (1918, Nr. 4). Bis zu seiner Pensionierung 1934 hatte er neben seiner Dirigententätigkeit Kompositionsprofessuren in Berlin (1920–1929) und München (1930–1934) inne. Die ständige Angst, mißverstanden zu werden oder nicht die uneingeschränkte Verehrung zu genießen, die er beanspruchen zu können glaubte, trieb ihn zu zahlreichen Polemiken, die im Oeuvre des Komponisten einen großen Raum einnehmen. Sein Werk besteht aus 5 Opern, Schauspielmusiken, Chorwerken, einigen Liederzyklen, Orchesterwerken und Kammermusik. Da Pfitzner kein Nahverhältnis zur Malerei hatte, sind Bildnisse von ihm an zufällige oder durch freundschaftliche Begegnungen mit Porträtisten wie Willy Preetorius, Willi Geiger, Hugo Lederer, Lothar von Seebach oder Karl Bauer gebunden. Letzterer entwarf nebenstehende Porträtskizzen (Handpress-Kupferdruck, Privatbesitz, 30 × 23 cm) im November 1927.

Franz Lehár

Ein Mann, der zeitlebens die uneingeschränkte Zuneigung des internationalen Publikums und die Freundschaft Giacomo Puccinis genoß, auf die er großen Wert legte, war der durch zahlreiche Medaillen, Orden und Ehrendiplome geehrte Franz Lehár, der zu den erfolgreichsten Bühnenkomponisten gehört. In dem barocken Schikanederschlößchen am Fuße des Kahlenberges bei Wien und in der großzügigen Villa an der Traun in Bad Ischl, der Sommerfrische des habsburgischen Kaiserhauses und zahlreicher prominenter Persönlichkeiten, residierte der Operettenkomponist, dem man dort eigens ein Operettentheater errichtet hatte. Treffend wußte er das Wiener wie Pariser Kolorit einzufangen und bediente sich als einer der ersten der ungarischen Csárdásmelodien, um den Typ der ‚ungarischen Operette' zu schaffen. Zu Lehárs Wegbegleiter wurde der Sänger Richard Tauber, mit dessen Interpretationen die Operetten ‚Paganini' (1925), ‚Der Graf von Luxemburg' (1909), ‚Zigeunerliebe' (1910), vor allem aber die Welterfolge ‚Die lustige Witwe' (1905) und ‚Das Land des Lächelns' (1929) mit dem Lied „Dein ist mein ganzes Herz" verbunden waren. Lehár, der am 30. April 1870 in Komorn als Sohn eines k. k. Militärkapellmeisters geboren worden ist, erhielt eine gewissenhafte Ausbildung zum Violinisten am Prager Konservatoriums-Internat. Wie sein Vater wurde er Kapellmeister, zunächst beim 25. Infanterieregiment in Losoncz, dann in Pola, wo er die in der habsburgischen Doppelmonarchie verschwenderisch mit bis zu 110 Musikern besetzte Militärkapelle leitete. Ende 1902 konnte Lehár den Militärdienst verlassen, um als erster Kapellmeister an das Theater an der Wien zu wechseln, wo er von seinem Erfolg nahezu eingeholt wurde und fortan die zahlreichen Operetten an den Bühnen vieler Länder dirigieren konnte. Am 24. Oktober 1948 starb der Komponist in Bad Ischl. Seine Villa wurde zu einem Museum umgestaltet, in dem man die aus der ganzen Welt dedizierten, vielfach exotischen Einrichtungsgegenstände bewundern kann. – Seiner reichen, vor allem photographischen Hinterlassenschaft sei eine bezeichnende Photographie entnommen, die den neuen Direktor des Theaters an der Wien, Wilhelm Karczag, mit Lehár zeigt, den er nach dem ersten Operettenerfolg symbolisch segnet (Wien, Bildarchiv der Österreichischen Nationalbibliothek, Inv. Nr. Pf 4986/9).

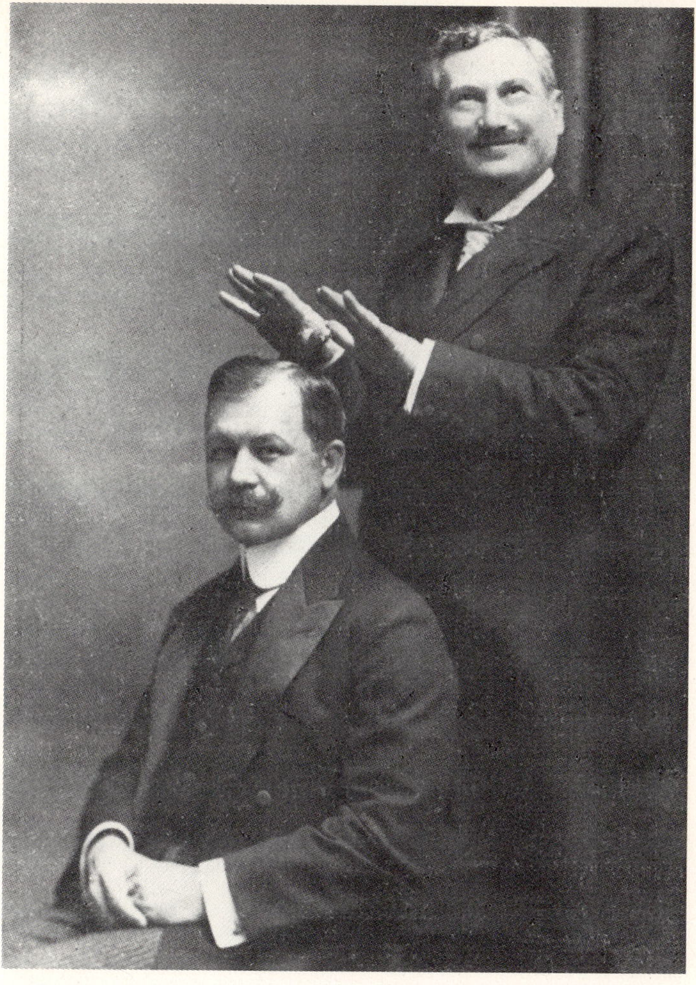

Alexander von Zemlinsky

„Alexander Zemlinsky ist derjenige, dem ich fast all mein Wissen über die Technik und die Probleme des Komponierens verdanke. Ich habe immer fest geglaubt, daß er ein großer Komponist war, und ich glaube noch immer fest daran“, so schrieb Arnold Schönberg im Jahre 1949 über seinen Lehrmeister und Schwager. Am 14. Oktober 1871 in Wien geboren und am 15. März 1942 in der Emigration in Larchmont bei New York gestorben, galt Zemlinsky wegen der Förderung durch Johannes Brahms als eines der hoffnungsvollsten Talente in Wien um die Jahrhundertwende. Sein pädagogisches Geschick und zahlreiche durch die Gesellschaft der Musikfreunde Wien aufgeführte Werke, etwa die B-Dur Sinfonie oder die Oper ‚Sarema‘ mit einem Textbuch von Arnold Schönberg, machten ihn zum Lehrer vieler später bedeutender Persönlichkeiten, wiewohl er in der binnen weniger Jahre zur Kunstmetropole gewordenen Stadt auch scharfen Anfeindungen ausgesetzt war. Gemeinsam mit Arnold Schönberg schuf er 1904/1905 die ‚Vereinigung schaffender Tonkünstler‘, um unmittelbares „Verständnis zwischen sich und dem Publikum zu schaffen, der Musik der Gegenwart in Wien eine ständige Pflegestätte zu bereiten“. Dieser Devise lebte Zemlinsky auch nach seinem Weggang aus Wien in Prag. Er verließ diese Stadt jedoch, weil er sich nur in Deutschland, namentlich in Berlin, eine größere Ausstrahlung auch ins Ausland versprach. In unermüdlichen Versuchen, nicht nur als Dirigent, Kapellmeister und Förderer, sondern auch als Komponist anerkannt zu werden, schrieb er hier unter anderem die abendfüllende, vielbeachtete Oper ‚Der Kreidekreis‘ nach einer Nachdichtung von Klabund, in der er mit fernöstlichem Kolorit das Leben einer armen Gärtnerstochter nachzeichnet, die zur Kaiserin wird. Nach Adolf Hitlers Machtergreifung wurde die Oper aus dem Spielplan genommen, Zemlinsky seines Amtes an der Berliner Musikhochschule enthoben. Auf der beschwerlichen Flucht vor seinen Verfolgern ereilte ihn in den USA der Tod. – Zemlinsky, durch eine bezeichnende Photographie mit Namenszug vorgestellt, ist auch von Arnold Schönberg, Alfred Dolbin, und, in einem nahezu lebensgroßen Bildnis, von Richard Gerstl gemalt worden, mithin also von namhaften Repräsentanten der Wiener Kunstszenerie (Wien, Bildarchiv der Österreichischen Nationalbibliothek, Inv. Nr. NB 612, 702 BrF).

Alexander Skrjabin

Dichtung, Musik und Plastik, verstanden als Mimik und Tanz, standen in der Kunstanschauung von Alexander Nikolajewitsch Skrjabin in ‚kontrapunktischen' Beziehungen zueinander. Er war überzeugt von seiner Berufung, den künstlerisch-kosmischen Akt als ein ‚Mysterium' zu vollenden, durch das der Evolutionsprozeß der Welten und des Menschen zum Abschluß gebracht werden sollte. Dieses ‚Mysterium' mußte zugleich liturgischer Akt und Kunstwerk sein, wie er in den ‚Prometheischen Phantasien' schreibt, in denen er seinem Glauben an eine pantheistische Synthese Ausdruck verlieh. Skrjabin war beeinflußt von Literaten theosophischer Prägung und repräsentiert eine Richtung der experimentellen russischen Moderne. Er wurde am 6. Januar 1872 in Moskau geboren und starb dort am 27. April 1915. Als Konzertpianist reiste er nach Studien am Moskauer Konservatorium durch Europa, lebte einige Zeit im Ausland, kehrte jedoch 1910 nach Moskau zurück, um dort sein von Richard Wagner und Franz Liszt inspiriertes Schaffen, das sich weitgehend auf Klavierwerke und einige Orchesterwerke beschränkt, fortzusetzen. Um 1903 hatte er ein von den oberen Partialtönen abgeleitetes harmonikales System entwickelt, das auf der ‚mystischen Leiter' (c fis b e^1 a^1 d^2) beruht, die er gefunden zu haben glaubte und die in seinen Werken in extremer Alterationschromatik präsent wurde. Zu den spektakulärsten Ereignissen in Skrjabins Laufbahn gehörte die Uraufführung des Orchesterwerks ‚Prometheus' *(‚Le Poème du feu')* op. 60, 1911, für die der Komponist ein Farbenklavier forderte. Den Tönen dieses Instruments waren Farben zugeordnet, die auf eine Leinwand projiziert wurden. Gemeinsam mit dem Dirigenten Sergej Kussewitzky, der die Werke Skrjabins herausbrachte und für deren Verbreitung sorgte, machte der Komponist regelmäßige Konzertreisen. – Für zahlreiche impressionistische Maler war der Rahmen eines öffentlichen Konzerts zum bevorzugten Sujet geworden. Nebenstehende Zeichnung, 1915 von Leonid Pasternak während eines Skrjabin-Konzerts mit Kussewitzky am Pult gemalt, gibt wieder, wie bedeutungsarm in der Einschätzung des Porträtisten das Orchester geworden war gegenüber den Virtuosen und Dirigenten (Foto: Archiv für Kunst und Geschichte, Berlin, Inv. Nr. I RD 115 B/1).

Sergej Diaghilew

Einen anderen Weg der Balletterneuerung als den des Abbaus ehemals verbindlicher Ballettnormen beschritt der russische Ballett-Impresario Sergej Pawlowitsch Diaghilew. Er wurde am 19. (31.) März 1872 im Gouvernement Nowgorod geboren und starb am 19. August 1929 in Venedig. Aus dem Umgang mit Literaten kommend, denen er sich in Sankt Petersburg angeschlossen hatte, begann er mit einer kleinen Gruppe russischer Tänzer 1909 an die Öffentlichkeit zu treten. Dieser Gruppe gab er in wenigen Jahren als dem *‚Ballet russe'* neues Gepräge, von dem sich im selbstgewählten Arbeitszentrum Paris und Monte Carlo junge Maler und Musiker gleichermaßen angezogen fühlten. Das Ergebnis dieses Zusammenwirkens aller Künste war „ein asiatisches Panorama von Luxus und Prunk, eine beängstigende Zusammenballung entfesselter Ornamente und gigantischer Draperien in Flaschengrün, Schwefelgelb und Glühendrot ..." (Werner Egk). Zu den Bühnen- und Kostümbildnern der Truppe gehörten Alexander Benois, Léon Bakst, ab 1917 Pablo Picasso, der Jean Cocteaus ‚Parade' mit der Musik von Erik Satie in eine provozierende bildnerische Gestaltung brachte und 1919 den ‚Dreispitz' seines Landsmanns Manuel de Falla oder das Bühnenbild zu Igor Strawinskys ‚Pulcinella' mit „sprühender Lebendigkeit" füllte. Ebenfalls zu Diaghilews Ballett-Malern zählten Henri Matisse, Juan Gris, Georges Rouault oder Giorgio de Chirico, die dazu beitrugen, daß fortan Malerei und Ballett als einander befruchtend gesehen wurden. Maler wurden zu Partnern der Choreographen, die für den Phantasiereichtum Diaghilews immer neue Räume erschlossen, in denen sie dem breiten Publikum die Fauvisten und Kubisten nahebrachten. Nach dem Tode des Impresario, der als Edelmann zumeist mit Frack und Zylinder porträtiert wurde, löste sich die Ballett-Gruppe auf, wiewohl seine Intentionen von vielen Bühnen weitergetragen wurden, etwa im Kreise um Max Reinhardt in Berlin. Der singuläre Porträtnachlaß dieses Mannes harrt noch der Auswertung. Vorgestellt sei eine Skizze, die Igor Strawinsky 1921 entwarf, dessen große Balletterfolge an das *‚Ballet russe'* gebunden waren (Mainz, B. Schott's Söhne, Archiv der Bühnen- und Konzertabteilung).

Ralph Vaughan Williams

Ein Komponist, der sich als Vertreter des Nationalen in England auf die musikalische Tradition in seinem Land berief, die ihm aus dem Volkslied erwuchs, war Ralph Vaughan Williams. Er folgte der persönlichen Devise, die er in seinem schriftstellerischen Hauptwerk ‚*National Music*' (London 1934) darlegte: „*The art of music above all other arts is the expression of the soul of a nation. The composer must love the tunes of his country and they must become an integral part of him.*" Während vieler Jahre war Vaughan Williams aufs Land gegangen, um traditionelles Melodiengut zu sammeln. Sein Vorbild darin war Cecil Sharp, auf dessen Initiative das Wiederaufleben des Interesses an Volkslied und -tanz in England weitgehend zurückzuführen ist. Von 1902 an hatte Sharp die Sammelergebnisse in zahlreichen Drucken vorgelegt, auf die sich Vaughan Williams berufen konnte, um aus dem Material seinen eigenen Persönlichkeitsstil zu entwickeln, der als neomodal zu bezeichnen ist. Er orientierte sich außerdem am elisabethanischen Madrigal, an Henry Purcell (dessen ‚*Welcome Odes*' er edierte) und am Choral (er leitete die Publikation des ‚*English Hymnal*' von 1906) und schuf so ein Œuvre, das seit der ‚*Fantasia on a Theme by Thomas Tallis*' (1909) und der ‚*Sea Symphony*' (1910) international Beachtung fand. Vaughan Williams wurde am 12. Oktober 1872 in Down Ampney (Gloucestershire) geboren und starb am 26. August 1958 in London. Seit 1920 war er lehrend am *Royal College of Music* in London tätig, konnte jedoch weitgehend als Freischaffender ungebunden arbeiten. Während des Zweiten Weltkriegs schrieb er die Musik zu zahlreichen Filmen. In seinem dramatischen Werk – ‚*Sir John in love*', 1929, oder ‚*The Poisoned Kiss*', 1936 – verließ er bisweilen die gewohnten Opernkonventionen. – In der Öffentlichkeit vor allem als imposanter Dirigent bekannt, wurde er von namhaften britischen Bildhauern und Malern konterfeit. Zwei Porträts, von denen eines hier vorgestellt sei, fertigte Sir Gerald Kelly im Todesjahr des Komponisten an. Sie gehören zu den repräsentativen Standesporträts im traditionellen Sinn, die in der National Portrait Gallery in Londen Aufnahme gefunden haben (London, National Portrait Gallery, Inv. Nr. 4829, 106,7 × 88,9 cm).

Karl Straube

1926 wurde auf der ersten ,Freiburger Tagung für Deutsche Orgelkunst' Professor Dr. h. c. Karl (Montgomery Rufus Siegfried) Straube als „der treue Eckart der deutschen Orgelkunst" begrüßt, der sich nachdrücklich für die Regeneration der Orgelkunst einsetzte, die es wieder auf die einstige Höhe zu bringen galt. Ähnlich wie Albert Schweitzer, der 1909 ein ,Internationales Regulativ für Orgelbau' eingebracht hatte und damit den ersten Anstoß zu einer Reform des Orgelbaus gab, strebte Straube ein reifes, virtuoses Orgelspiel an, das er in großangelegten ,Historischen Programmen' vortrug, in deren Mittelpunkt Werke Johann Sebastian Bachs und des ihm befreundeten Max Reger standen. Nicht nur war seit dem späten 18. Jahrhundert das Amt des Kantorats zu einem Titel ohne Funktion abgesunken, auch hatten sich Orgelbau und -spiel in der nachbachschen Zeit eher nach symphonisch-orchestraler Klangfülle ausgerichtet als nach den historischen Gegebenheiten des Instruments. Als 11. Amtsnachfolger Johann Sebastian Bachs im Thomaskantorat zu Leipzig (1918–1938) wurde Straube auch Leiter des Thomaschors und konnte in dieser Funktion die Kirchenmusikpraxis aus ihrer geschichtlichen Vergangenheit heraus erneuern. Um einem weiteren Niedergang zu wehren, gründete er 1919 am Leipziger Konservatorium das ,Kirchenmusikalische Institut der Landeskirche', das er bis 1948 leitete. In den Jahren 1931 bis 1937 führte er das gesamte Kantatenwerk Bachs auf, das an jedem Sonntagvormittag im Rundfunk gesendet wurde. Maßgeblich an sechs repräsentativen Bachfesten (seit 1904) beteiligt, gehörte er zu jenen Lehrerpersönlichkeiten, die an der Reform des Interpretationsstils entscheidend mitwirkten und eingehende Kenntnisse überlieferter Instrumente in die seit 1929 edierten Werkausgaben ,alter Meister' einbrachten. Straube war am 6. Januar 1873 in Berlin geboren worden und starb hochgeehrt am 27. April 1950 in Leipzig. – Nebenstehende Photographie aus dem Leipziger Atelier E. Hoenisch ist von Straube mit dem handschriftlichen Hinweis auf den 4. bis 6. Juni 1914, die Tage des Leipziger Bachfestes, und einigen Takten des ,*Gloria in excelsis Deo* ...' der h-moll-Messe von Johann Sebastian Bach dem Institut für Musikwissenschaft an der Universität Innsbruck dediziert worden.

E. Hoenisch

J. S. Bach
Glo - - - - - ri - a in excel - - - - - - sis Deo.
Leipzig 4.–6. Juni 1914
Karl Straube

Fjodor Iwanowitsch Schaljapin

„. . . Das ist etwas Ungeheuerliches, das sich mit einer erschrekkenden, teuflischen Gewalt die Menge untertan macht . . . Was für ein Mephisto! – Persönlich ist Schaljapin ein einfacher, lieber Bursche, klug und witzig", so schrieb Maxim Gorkij in einem Brief über Fjodor Iwanowitsch Schaljapin, dem als hohem Baß ein ähnlich legendärer Ruf nachging wie Enrico Caruso. Gorkij, der mit ihm seit frühester Kindheit befreundet war, legte 1917 die literarische Fassung der erzählten Erinnerungen des Freundes in der Zeitschrift ‚*Letopisj*' nieder, an deren Drucklegung und dem Entschluß Schaljapins, die Sowjetunion 1920 zu verlassen, die Verbindung beider zerbrach. Von der sowjetischen Regierung wurde der Sänger mit dem Titel ‚Künstler des Volkes' ausgezeichnet, nachdem ihm in wenigen Jahren nach seinem Debut als ‚Mephisto' in Charles Gounods ‚Faust' in Moskau eine internationale Karriere gelang. Am 1. (13.) Februar 1873 in Ometewa (Gouvernement Kasan) geboren, hatte er die Lehre eines Schusters begonnen, bevor seine ungewöhnliche sängerische Begabung zutage trat. Dieser rasche Aufstieg zu einem der begehrtesten Darsteller vor allem der Rollen von Boris Godunow in Modest Mussorgskijs gleichnamiger Oper, Iwan dem Schrecklichen in Nicolai Rimskij-Korsakows ‚Das Mädchen von Pskow' oder ‚Mephisto' in Gounods ‚Faust' regte viele bedeutende Maler zu heroischen Rollenbildnissen an. Nicht nur entstand ein Doppelbronzeguß, der den Sänger mit Gorkij sitzend auf einer Bank vereinigt, auch fertigte Viktor A. Serow 1905 ein großformatiges Porträt. Zu einem bezugreichen Monumentalgemälde wurde das Porträt von Boris Kustodiew von 1922, der den Künstler in großer Pose auf einem winterlichen Markt wiedergab. Umgeben vom lustigen Treiben beherrscht Schaljapin das Bild, ihm zu Füßen sein Hund Kharlashka, links hinter ihm seine zwei Töchter und ein Sekretär. Schaljapin nahm 1937 in Monte Carlo Abschied von der Bühne. Er starb am 12. April 1938 in Paris. – Nebenstehende Photographie zeigt den Sohn des Sängers, Boris Schaljapin, der ein bedeutender Porträtist war, an der Staffelei, auf der das Spätbildnis seines Vaters unvollendet steht, während dieser ihm noch sitzt (Wien, Bildarchiv, Österreichische Nationalbibliothek, Inv. Nr. Pf. 17, 112:D (R) 4).

Enrico Caruso

Als Errico (später Enrico) Caruso und achtzehntes Kind eines Mechanikers und dessen Frau am 27. Februar 1873 in Neapel geboren, gehörte dieser Tenor zu den einzigartig gefeierten Bühnengrößen seiner Zeit. Ab 1902, auf dem Gipfel seiner ungewöhnlichen Karriere, ließ er Schallplatten prägen und wurde zu einem der ersten Stars dieses neuen Mediums, an dem er mehr als eine Million Dollars verdiente. 1903 wählte er das *Metropolitan Opera House* in New York zum Mittelpunkt seiner Auftritte, wo er nahezu alle Tenorpartien sang. Dort schloß er Freundschaft mit dem Herausgeber der New Yorker Zeitung der Italiener *‚La Follia‘*, Marziale Sisca, der die karikaturistischen Fähigkeiten Carusos entdeckte. Von 1904 bis zum frühen Tode des Sängers (am 2. August 1921 in Neapel) war er ständiger Karikaturist des Blattes, in dem nahezu 500 seiner treffenden Skizzen und Zeichnungen aus dem Bereich der Bühne publiziert wurden, unter ihnen die Selbstbildnisse des Künstlers. Zu den treffendsten dieser Selbstkarikaturen gehören diejenigen, in denen er sich als Canio in Ruggiero Leoncavallos *‚I Pagliacci‘* (‚Der Bajazzo‘) darstellt, eine Rolle, die durch ihn nahezu volkstümliche Züge erhielt. Die auf der Gegenseite wiedergegebene Tuschzeichnung aus dem Jahre 1913 gehört zu den gelungensten Dokumenten dieser Partie, deren Tragik durch den langen schwarzen Schatten vorausgegriffen zu sein scheint. Im italienischen wie französischen Fach, repräsentiert etwa durch seine Darstellung des Samson in Camille Saint-Saëns' Oper *‚Samson et Dalila‘* oder des Don José in Georges Bizets *‚Carmen‘* setzte er neue Maßstäbe, die vor ihm kaum je erreicht worden sind. Carusos regelmäßige Tourneen brachten ihn an alle großen Opernhäuser der Welt, so daß er mit vielen Größen seiner Zeit, unter ihnen auch zahlreiche Maler, nicht nur in Kontakt kam, sondern sie auch mit schnellem Zeichenstift festhielt. Mit großem Phantasiereichtum und Humor gab er in diesen Zeichnungen ein heiteres Bild von den Bühnengepflogenheiten seiner Zeit, von Dirigenten, Komponisten, Impresarii und Sängerkollegen, die der Zeitung höchste Absatzziffern garantierten.

Max Reger

1910 fand im Ruhrgebiet eine gewichtige Veranstaltung zu Ehren des damals noch heftig umstrittenen Max (Johann Baptist Joseph Maximilian) Reger statt, die Dortmund ohne Konzession an dominierende Geschmacksrichtungen ausgerichtet hatte. Geleitet von Georg Hüttner, bereitete man hier vom 7. bis 9. Mai diesem eigenwilligen Komponisten ein Fest, bei dem das damals bereits umfangreich vorliegende Œuvre zusammenhängend zu Gehör gebracht werden sollte. Dazu hatten sich unter anderem Karl Straube als Organist, Henri Marteau als Geiger mit seinem Marteau-Bekker-Quartett und das berühmte Böhmische Streichquartett eingefunden, um sich in Anwesenheit des Komponisten für dessen Werk einzusetzen. Anläßlich dieses denkwürdigen Ereignisses wurde eine Postkarte herausgegeben, die um die Photographie des Gefeierten alle an diesem ersten Max-Reger-Fest Beteiligten in Medaillons vereinigt (Bonn, Max-Reger-Institut, Elsa-Reger-Stiftung). Dieses Ereignis war es auch, das den am 19. März 1873 zu Brand (Oberpfalz) geborenen, ‚barock' anmutenden Künstler fortan in den Blickpunkt des öffentlichen Interesses rückte, so daß er ab 1910 auch von zahlreichen Malern und Graphikern abkonterfeit wurde, meist vertieft in seine unermüdliche Arbeit. Reger hinterließ nach einem nur kurzen Leben (er starb am 11. Mai 1916 in Leipzig) ein überaus reiches musikalisches wie schriftstellerisches Werk, das an seinen drei Wirkungsorten (München, Leipzig, Meiningen) gemäß dem Grundsatz: „Ich strebe nur eine Weiterbildung des Stiles von Bach, Beethoven und Brahms an" (1897) entstand. Wurden seine Kompositionen von seinem Lehrer Hugo Riemann der „äußersten Komplikation der Faktur und ... Überladung des technischen Apparates" (1909) geziehen, so sieht man heute hinter seinen Werken die an Bach geschulte, harmonisch inspirierte Polyphonie, die besonders in den Orchesterwerken für das Hoforchester von Meiningen (Variationen und Fuge über ein Thema von Mozart op. 132, 1914) hörbar wird, aber auch in den Orgelwerken, die die Orgelbewegung maßgeblich beeinflußten.

Marteau-Becker-Quartett
Henri Marteau
Jul. Janssen
Hugo Becker
Fischer-Maretzki
Böhm. Streichquartett
Georg Hüttner
Dr. Max Reger
Carl Holtschneider
Lula Mysz-Gmeiner
Helene Staegemann-Sigwart
Henriette Schelle
Willy Eickemeyer
Karl Straube
Oskar Schubert
Frida Kwast-Hodapp
Max Reger=Fest, Dortmund 7. 8. u. 9. Mai 1910.

Sergej Wassiljewitsch Rachmaninow

Zu jener Generation Intellektueller Rußlands, die sich am Ende des 19. Jahrhunderts in salonromantischem Weltschmerz erging, gehörte auch Sergej Wassiljewitsch Rachmaninow, der am 20. März (1. April) 1873 in Onega, östlich von Petersburg, als Sohn eines Gutsbesitzers geboren worden ist. Der Eindruck, den die denkwürdige Premiere der Oper *‚Pique Dame‘* von Peter Iljitsch Tschaikowski 1891 auf den angehenden Musiker machte, blieb für sein ganzes Leben richtungweisend und ließ ihn die von Tschaikowski vorgeprägte melancholisch-elegische Kompositionsweise aufgreifen. Zum Pianisten und Dirigenten ausgebildet, verließ der bereits international Gefeierte erst nach der Oktoberrevolution 1917 sein Land und lebte viele Jahre in New York, bevor er in der Nähe von Hollywood die Villa Sena (nach den Anfangsbuchstaben seines und seiner Frau Namen) baute. Einige seiner Werke gelangten zu einer ungewöhnlichen Popularität, etwa das 2. Klavierkonzert op. 18 und das Prélude cis-Moll op. 3, 2. In der Zeit des Stummfilms wurde es gern als Untermalung von unheimlichen Situationen in den Filmtheatern gespielt. Sein dramatisches (er schrieb zwei Opern nach Texten von Alexander Puschkin) oder symphonisches Werk ist bis auf die Tondichtung nach dem damals sehr bewunderten Gemälde Arnold Böcklins ‚Die Toteninsel‘ op. 29, die er 1908 bis 1909 abschloß, nahezu vergessen. Mit einem Anklang an das *‚Dies Irae‘* ist diese Tondichtung von der Nachzeichnung eines stockenden Rudertaktes bestimmt, von Resignation und Schauer. Etwa zwölf Gemälde des Schweizer Symbolisten waren wegen der ihnen zugesprochenen „immanenten Musikalität“ Vorlage für zahlreiche symphonische Kompositionen in der Zeit bis 1913. Allein zur ‚Toteninsel‘, die fünf malerische Fassungen erfuhr, ehe sie jene Stille ausstrahlte, „. . . daß man erschrickt, wenn an die Tür gepocht werde“ (Böcklin), entstanden viele kompositorische Umsetzungen. Rachmaninow hatte sich in Beverly Hills (Kalifornien) ein zweites Haus gekauft, wo er am 28. März 1943 starb. – Der introvertierte Komponist, dessen wenige Photographien namentlich in den USA heute hoch gehandelt werden, verhielt sich Malern gegenüber reserviert, so daß das Gemälde des Sohns von Fedor Schaljapin, Boris, nur unter Schwierigkeiten zustande kam.

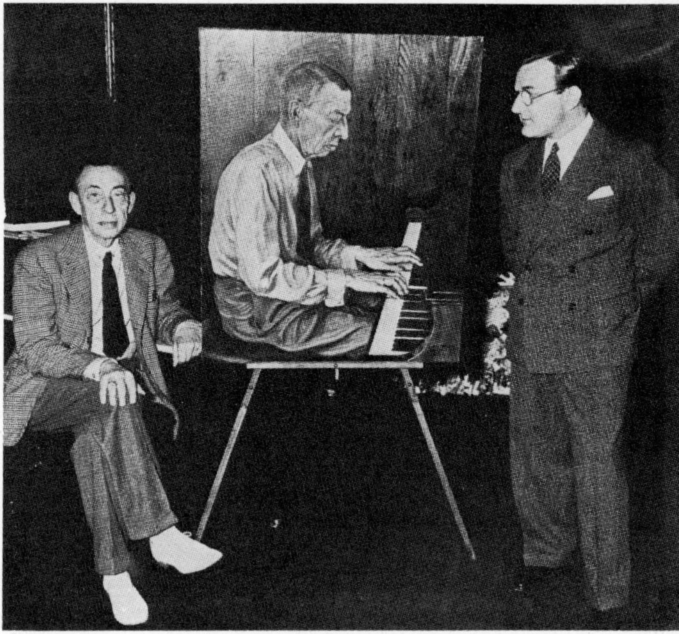

Arnold Schönberg

Arnold Schönberg gehört als Autor der von ihm um 1920 entwikkelten ‚Methode der Komposition mit zwölf nur aufeinander bezogenen Tönen' und geistiger Urheber wie strenger Lehrer der zweiten Wiener Schule zu denjenigen Komponisten, die mehrere Jahre hindurch auch durch die Malerei „Gefühle und Ideen ... auf dieselbe Art wie in der Musik" (Schönberg) darzustellen suchten. Als Maler, Dichter und Musiker war er besonders in den Jahren 1906 bis 1912, eine Zeitspanne, in die der überwiegende Teil seiner Bilder fällt, mit dem Gedanken an eine Verschmelzung der Kunstformen beschäftigt. So sind in seinem Werk ‚Die glückliche Hand, Drama mit Musik' op. 18, 1913, in der Nachfolge des Richard Wagnerschen Gesamtkunstwerks alle szenischen Mittel wie Farbe, Geste, Bewegung, Licht und Musik vereint. In dieser Intention trafen sich Wassily Kandinsky und Schönberg, die sich 1911 befreundeten und bis 1914 einen sehr regen Briefkontakt pflegten, in dem sie ihr gemeinsames Interesse an der damals aufkommenden Theosophie aus antimaterialistischen und kulturpessimistischen Gründen austauschten. Kandinsky nannte die von Momentaufnahmen und „Blicken" dominierten Malereien Schönbergs „Visionen", die in der Porträtmalerei singulär geblieben sind und Schönbergs persönliche Fixiertheit auf Blicke als Spiegel der Seele offenbaren. Unter den über 70 Ölgemälden und etwa 160 Aquarellen, mit denen der Komponist zeitweilig seine Einkünfte verbessern wollte, nehmen die Selbstporträts einen besonderen Raum ein. Sie sind von einer halluzinatorischen Selbsterkenntnis bestimmt, die der expressionistischen Richtung gemeinsam ist. Visionäre Blicke waren auch ein wichtiges Motiv in der Rahmenszene des obengenannten Dramas, in der der Chor irreal ausschließlich durch Gesichter und Augen präsent ist. Nebenstehend wiedergegebenes Selbstporträt, das um 1909 entstanden ist, gehört zu den realistischeren Arbeiten (Öl auf Karton, 68,3 × 49,5 cm, Wien, Historisches Museum der Stadt, Inv. Nr. 77881). Schönberg war am 13. September 1874 in Wien geboren worden und wuchs erst nach seinem erzwungenen Weggang 1934 in den USA aus jahrzehntelangem öffentlichen Mißverständnis heraus. Er starb am 13. Juli 1951 in Los Angeles, wo sich heute der überwiegende Teil seines malerischen Nachlasses befindet.

Gustav Holst

Seit 1895 gehörte Gustav(us Theodore von) Holst, der damals noch Student bei Charles Stanford am *Royal College of Music* in London war, zu den engsten Vertrauten und Freunden von Ralph Vaughan Williams und Cecil Sharp, denen er sich um die Jahrhundertwende auf der Suche nach traditionellem Volksliedgut anschloß. Die Erfahrungen der gemeinsamen Sammelreisen durch England fanden ihren Niederschlag in Werken wie der Cecil Sharp gewidmeten *,Somerset Rhapsody'* (1906–1907), die auf modal harmonisierten Volksliedern beruht. Zum Posaunisten ausgebildet, übte Holst diesen Beruf in zwei Orchestern aus, bevor er es wagte, ausschließlich von seinem Einkommen als Lehrer, Chorleiter und Komponist zu leben. Als unorthodoxer Lehrer an diversen Institutionen hatte er großen Erfolg, während sein langsam wachsendes musikalisches Œuvre zunächst unverstanden blieb und erst nach dem Ersten Weltkrieg erkannt und aufgeführt wurde. In einer Gruppe von Werken hatte er versucht, Elemente fernöstlicher Musik in seine Musiksprache zu integrieren und sogar das Studium des Sanskrit begonnen, um Hymnen des *,Rigveda'* übersetzen und vertonen zu können. Zu Holsts ausdrucksstärksten Partituren gehört das Orchesterwerk *,The Planets'* (1914–1916), das sich jedoch auf Grund seiner klangmalerischen, freskenhaften Tendenz den Vorwurf der Hintergrundsmusik gefallen lassen mußte. Holst, dessen Lebenswerk auch einige Opern umfaßt, die als Kammeropern ohne Ouvertüre und mit spärlicher Dekoration viel Beachtung fanden, wurde am 21. September 1874 in Cheltenham geboren und starb am 25. Mai 1934 in London, wenige Monate nachdem er aus den USA heimgekehrt war, wo er *Visiting lecturer* in Komposition an der *Harvard University* war. Bereits 1927 hatte man ein ,Holst-Festival' in seinem Heimatort veranstaltet, das er als die größte Ehre in seinem Leben empfand. – Das Milieuporträt von Millicent Woodeford, das den Komponisten am Schreibtisch in einem nur mit einem Klavier ausgestatteten Arbeitsraum am ans Fenster gerückten Komponiertisch zeigt, entstand 1910. Es wird von der Tochter des Künstlers, Imogen Holst, die es 1962 der National Portrait Gallery, London, übergab, als das treffendste Bildnis ihres Vaters genannt (Inv. Nr. 4273, 43,2 × 53,3 cm).

Franz Schmidt

Das hier vorgestellte, nahezu lebensgroße Ölgemälde gibt den österreichischen Komponisten und Violoncellisten Franz Schmidt wieder. Das Bildnis zeigt ihn an einem jener häuslichen Quartettabende, die er mit Kollegen des Konservatoriums der Stadt Wien und Studenten seit 1923 bestritt. In Anwesenheit einiger weniger ausgewählter Gäste, unter ihnen der Maler dieses Bildes, Anton Karlinsky (1872–1945), wurden an diesen Abenden auch die Streichquartette Schmidts uraufgeführt, Ereignisse, die der Maler in einigen Skizzen festhielt. Am 22. Dezember 1874 in Preßburg geboren und am 11. Februar 1939 in Perchtoldsdorf bei Wien gestorben, gehört Franz Schmidt ebenso wie Joseph Marx zu den führenden Ausbildern des österreichischen Komponisten-Nachwuchses, dessen Werke bis heute nahezu ausschließlich in Österreich Verbreitung gefunden haben und dort als nachromantisch-klassizistisches Erbe gepflegt werden. Schmidt, der als Pianist und Schüler Theodor Leschetitzkys begonnen hatte und erst während seiner Konservatoriumsausbildung zum Cello überwechselte, das er bravourös beherrschte, war von 1896 bis 1911 Mitglied des Hofopernorchesters, aus dem er wegen diverser Differenzen ausschied. Von 1925 bis 1927 war er Leiter der Wiener Musikakademie und folgte dann Joseph Marx als Rektor der Fachhochschule für Musik und darstellende Kunst. Zu derjenigen Generation gehörig, die ihr Hauptwirkungsfeld auf der Opernbühne erkannte, sah auch Schmidt seine Bestimmung als Dramatiker, der mit wechselndem Erfolg auf der Suche nach geeigneten Opernstoffen war. Eine heute vielgespielte Oper ist die Vertonung des Victor Hugoschen Stoffs *‚Notre Dame'*, deren Orchester-Intermezzo „in sinnlich-berauschendem Streicherglanz aufleuchtet" (aus einer Kritik nach der Uraufführung in Wien am 6. April 1914). Außer vier formal streng konzipierten Sinfonien, zwei Klavierkonzerten, der zweiten Oper ‚Fredigundis' (1922), einiger Kammermusik und zahlreichen Orgelwerken, denen er in den Anmerkungen zur Drucklegung großes Gewicht beimaß, hinterließ er die Vertonung der Apokalypse. Mit jenem Oratorium ‚Das Buch mit 7 Siegeln' hielt er 1937 sein Lebenswerk für beendet (Historisches Museum der Stadt Wien, Inv. Nr. 56063, 173 × 133 cm).

Maurice Ravel

Umgeben von einer wunderlichen Sammlung von winzigen Stühlen, Nippessachen, falschem chinesischen Kunstgewerbe, einem kleinen Porzellanklavier und mechanischem Spielzeug, das eine große Spielzeugschachtel füllte oder auf dem Flügel drapiert war, lebte Maurice Ravel in dem von ihm 1920 erworbenen Häuschen *‚Belvédère'* in Montfort-Lamory ein zurückgezogenes Leben. In seinem Garten wurde er zu einem Pflanzenkenner, der exotische Pflanzen züchtete, und seinen Besuchern führte er mechanische Nachtigallen vor. „Das köstliche Vergnügen einer unnützen Beschäftigung" (Ravel) teilte der Komponist mit einigen Zeitgenossen. Rätselhaft verschlossen und von nur wenigen Menschen umgeben, war er ein Einzelgänger, der eine bald raffinierte, bald dämonische und virtuose musikalische Sprache sprach, hinter der er sich „in der Suche nach Idealen" (H. H. Stuckenschmidt) verzehrte. Ravel ist am 7. März 1875 in Ciboure (Basses-Pyrénées) geboren worden und konnte nach ausführlichen Studien am Pariser *Conservatoire,* unter anderem bei Gabriel Fauré, ausschließlich seinem Schaffen leben. Sein Werk, das rasch populär wurde, umfaßt sowohl virtuose, an der Clavecinistenkunst des 17. Jahrhunderts orientierte Klaviermusik, raffinierte Ballettmusiken wie ‚Daphnis et Chloé' (1912), die ihn als Koloristen mit großer Phantasie ausgewiesen haben, die lyrische Phantasie *‚L'Enfant et les Sortilège's* (1925) nach dem Text von Sidonie-Gabrielle Colette als auch das instrumentale Feuerwerk *‚Boléro'* (1928), das zu einem der größten Orchestererfolge unserer Zeit wurde. Ravel starb an den Folgen der Operation eines Gehirntumors am 28. Dezember 1937 in Paris. Er hatte auf seinem leeren Schreibtisch nichts als ein Heft der Klaviersonaten von Domenico Scarlatti hinterlassen. – Achille Ouvré gehörte zu den wenigen Menschen, die mit Ravel befreundet waren und der ihn malen durfte. Das hier wiedergegebene bekannte Aquarell von 1909, das den Komponisten im Pyjama zeigt, entstammt mithin dem kleinen Bestand an künstlerischen Bildnissen (Paris, Bibliothèque Nationale, Inv. Nr. B 69253).

M·Ravel
Ouvré

Mikalojus Konstantinas Čiurlionis

Den künstlerischen Nachlaß des litauischen Malers und Komponisten Mikalojus Konstantinas Čiurlionis, der am 22. (10.) September 1875 in dem südlitauischen Städtchen Varéna als Sohn eines Organisten geboren wurde und am 10. April 1911 in Czerwony Dwór bei Warschau starb, bilden etwa 300 Gemälde und ein umfangreiches musikalisches Œuvre. Der Künstler, der „hartnäckig nach der Parallelität" beider Kunstrichtungen suchte, wie der russische Maler Alexander Benois schreibt, war auf beiden Gebieten fachlich gut ausgebildet, hatte am Warschauer Konservatorium, später in Leipzig Komposition und daran anschließend an der Warschauer Kunstschule Malerei studiert. In Wilna (Vilnius), wo er sich einen Wirkungskreis geschaffen hatte, gründete er die Vereinigung der litauischen Kunst und leitete einen Chor. Mit Bilderzyklen, denen er Titel wie ‚Sonaten' (‚Frühlingssonate', ‚Meeressonate', ‚Sternensonate' und andere), ‚Präludien und Fugen' oder ‚Phantasie' gab, gelangen ihm assoziative Melodiezeichnungen und originelle Analogien zu Formen der Musik, wie sie nahezu zur selben Zeit von Frank Kupka oder Paul Klee gesucht wurden. Für das musikalische Schaffen Čiurlionis', das überwiegend für Klavier bestimmt ist, sind kontrapunktischer Linearismus und ostinate Polyrhythmie bezeichnend, deren konstruktives, logisches Prinzip nach dem gleichen graphischen Muster verfährt, das auch seinen Malereien zugrunde liegt. Ebenso wie nach der Vorstellung des Komponisten die malerische Linie sowohl dekorativ als auch musikalisch war, sollte die Musik sinngemäße Assoziationen zur Malerei zulassen. Das aus den symbolistischen Tendenzen der Zeit um die Jahrhundertwende nicht lösbare Schaffen dieses Mannes, dem in Kaunas ein Kunstmuseum gewidmet ist, bildet einen gewichtigen Beitrag zur Konvergenz der Künste. – Nebenstehend sei eine Bleistiftzeichnung faksimiliert, die der Maler Mstislav Dobužinsky aus Sankt Petersburg im Jahre 1908 oder 1909 von dem musizierenden Komponisten gezeichnet hat (Kaunas, M. K. Čiurlionis Galerie, 11,7 × 15,2 cm). Dem Musiker, dem in den vergangenen Jahren großes Interesse entgegengebracht wurde, widmete man nicht nur einen Dokumentarfilm, sondern auch eine Ausstellung innerhalb der Berliner Festwochen 1979.

Bruno Walter

1957 publizierte Bruno Walter (Bruno Walter Schlesinger) als ‚Finale' zu seiner Autobiographie *‚Themes and Variations'* die Essaysammlung ‚Von der Musik und vom Musizieren'. In diesem Text erweist er sich als ein im Scheiden begriffener Musiker, der in sieben Kapiteln zu Problemen des Musizierens, Dirigierens und des musikalischen Alltags der nachfolgenden Generation ein Stück seiner reichen Erfahrung auf den Weg geben wollte in dem Wissen, daß er einer der letzten Dirigenten aus der Tradition des 19. Jahrhunderts war. Mit großer Besorgnis rief er den jungen Musikern zu, daß nicht die ‚Mechanik', die allmählich Karriere gemacht habe auf dem Podium des Konzertsaals, den kultivierten Dirigenten ausmache, sondern die innere Bildung. Er selbst, der sich aus dem öffentlichen Dirigentenleben schon in den fünfziger Jahren zurückzuziehen begann und den Entwicklungen der zeitgenössischen Musik, deren Protektor er bis zu seinem erzwungenen Weggang aus Deutschland war, mit zunehmender Skepsis begegnete, setzte sich „eine Art musikalischen Testaments" (Walter) in zahlreichen Schallplattenproduktionen vor allem von Musik Wolfgang Amadeus Mozarts und Gustav Mahlers. Am 15. September 1876 in Berlin geboren und 1901 als bereits bekannter Dirigent von Gustav Mahler an die Hofoper nach Wien verpflichtet, betreute er dessen ‚Lied von der Erde' (1911) und die Uraufführung der Neunten Symphonie (1912). Nicht nur Mahler war mit Walter freundschaftlich verbunden, sondern auch Hans Pfitzner, dessen musikalische Legende *‚Palestrina'* er als Nachfolger Felix Mottls 1917 in München uraufführte, wo er eine neue Ära mit Uraufführungen der Opern etwa auch von Erich Wolfgang Korngold einleitete. Seit 1918 dirigierte er die Berliner ‚Bruno-Walter-Konzerte', in deren Rahmen zum Beispiel das Wunderkind Yehudi Menuhin erstmals auftrat. Zum Nachfolger Wilhelm Furtwänglers an das Gewandhaus in Leipzig berufen, gründete er 1929 die Bruno-Walter-Stiftung für begabte, mittellose Musiker. Walter, der „mit Freude aus Mahlers Hand die Herrlichkeit Mozarts" entgegengenommen hatte und trotz seines weitgefächerten Könnens vor allem als Mozart-Interpret gefeiert wurde, sei in einem kennzeichnenden Aktionsfoto vorgestellt (Berlin, Archiv für Kunst und Geschichte, Inv. Nr. I 220 269 C/2). Er starb am 17. Februar 1962 in Beverly Hills (Kalifornien).

Manuel de Falla

Manuel de Falla (y Matheu) ist durch einige seiner Werke (etwa *‚Noches en los jardines de España'*) zum Idealtypus des spanischen Musikers geworden, der als Siebenjähriger bereits das stolze Gebahren eines Infanten hatte. Auf einem der wenigen erhaltenen Fotos trägt der Knabe, die rechte Hand am Galanteriedegen, die Kleidung eines Infanten mit Federhut, weißer Halskrause, einem Wams mit spitzen Manschetten, Kniehosen und mit bunten Bändern geschmückte Schuhe. Die nationale Musikkultur Spaniens, die von Filipe Pedrell nach zwei Jahrhunderten der Stagnation wiederbelebt worden war, stieß vor allem in Frankreich auf lebhaftes Interesse, so daß dem Schüler Pedrells, de Falla, der dem Lehrer und dessen folkloristischer Ästhetik gefolgt war, nach der Ankunft in der französischen Metropole 1907 großes Entgegenkommen gezollt wurde und er sich mit Claude Debussy wie Maurice Ravel befreunden konnte. Durch sie lernte er, die spanische Volksmusik in seine eigene Tonsprache zu übersetzen. De Falla wurde am 23. November 1876 in Cádiz geboren und konnte nach seinem Studium bei einem nationalen Opernwettbewerb der *Academia de Bellas Artes* mit der Oper *‚La Vida breve'* seinen Ruf begründen. Nach siebenjährigem Aufenthalt in Paris kehrte er 1914 wieder nach Spanien zurück und schuf die von Sergej Diaghilew angeregte Pantomime *‚El sombrero de tres picos'* (‚Der Dreispitz'), die 1919 im *Alhambra Theatre* in London uraufgeführt wurde. Mit der Dekoration Pablo Picassos und der Choreographie Léonide Massines gehörte diese expressive Ballett-Pantomime zu den erfolgreichsten Aufführungen des *‚Ballet russe'*. De Falla ist es darin gelungen, den *Toque jondo,* eine Stilart des andalusischen *Flamenco,* mit klassizistischen Elementen zu paaren, ein reflektives Verfahren, das er in nahezu allen Kompositionen anwandte. Der *Cante jondo* war für ihn „eines der Wunder der natürlichen Kunst". Nachdem es 1933 auch in Spanien zu politischen Unruhen gekommen war, folgte de Falla einem Engagement nach Argentinien. Gemeinsam mit seiner Schwester bewohnte er bis zu seinem Tod am 14. November 1946 in Alta Gracia im Córdoba-Gebirge ein abgelegenes Haus. – Eine späte Photographie zeigt den Komponisten – wie auf allen seinen Bildnissen – streng und verschlossen (Berlin, Archiv für Kunst und Geschichte, Inv. Nr. I SP 153 A/2–01).

Franz Schreker

Der von Theodor W. Adorno ob des Verlustes historischer Kontinuität als „schlechterdings vergessen“ apostrophierte Komponist Franz Schreker, der in der Zeit vor der Hitlerdiktatur in Deutschland „erheblichen Einfluß“ hatte, wurde am 23. März 1878 in Monaco geboren. An seine wechselvolle, entbehrungsreiche Jugend, die er als Österreicher in Wien verbrachte, erinnert sich Schreker in autobiographischen Skizzen. Bis zur Uraufführung der phantastisch-visionären Oper ‚Der ferne Klang‘, 1912, war er nahezu ohne öffentliches Echo, sieht man von der spektakulären Gründung des philharmonischen Chors in Wien ab und dem rasch verblassenden Erfolg der Auftragskomposition ‚Der Geburtstag der Infantin‘ (1908). 1920 übernahm er das Direktorat der Musikhochschule in Berlin und 1932 eine Meisterklasse für Komposition an der Preußischen Akademie der Künste in Berlin, Ämter, die er unter dem Druck nationalsozialistischer Parolen niederlegte. Bis zu seinem Tod am 21. März 1934 in Berlin mußte Schreker erleben, wie sein gesamtes Œuvre aus Spielplänen und Konzertsälen verschwand. Sein kurzer, vielumstrittener und zu polemischen Parteinahmen herausfordernder Ruhm ist vor allem von der Suche nach neuen Ausdrucksmöglichkeiten geprägt. Namentlich die Einbeziehung aus Amerika kommender Neuheiten wie des Jazz wurden in seinem Werk zu einer Symbiose von Trivialität, naiver und raffinierter Märchensymbolik, Sinnlichkeit und schwüler Klänge verschmolzen, einer Symbiose, die insbesondere in der bisweilen wieder ins Programm genommenen Oper ‚Der ferne Klang‘ gipfelt. Expressiv wird in diesem Künstlerdrama der Abstieg der Liebenden Greta in das Milieu der Straßendirnen geschildert, während der Komponist Fritz einer zweifelhaften Vision, dem fernen Klang, nacheilt, um unter dem Eindruck ihrer Unerreichbarkeit ebenfalls die Normalität des Lebens zu verlassen. – Die zerrissene Faktur des Schrekerschen Werks dürfte den 1922 in Berlin entstandenen Kupferstich geprägt haben. Michel Fingesten stellte den ausdrucksstarken Kopf des Komponisten vor einen krassen schwarz-weißen Hintergrund, der die verfremdetete Denaturierung Schrekerscher Harmonik widerspiegelt (Münster, Westfälisches Landesmuseum für Kunst und Kulturgeschichte, Porträtarchiv Diepenbroick, Nr. 81 2 479).

FRANZ SCHREKER

Ottorino Respighi

Wie für zahlreiche Komponisten vor ihm, so wurde auch für Ottorino Respighi, der am 9. Juli 1879 in Bologna geboren wurde, die Begegnung mit Nicolai Rimskij-Korsakow in Moskau prägend. Am *Liceo Musicale* in Bologna auf der Violine und der Viola, zudem ab 1898 von Luigi Torchi sowie Giuseppe Martucci zum Komponisten ausgebildet, wirkte er von 1900 an mehrere Jahre als Bratschist bei italienischen Opernstagioni an der Kaiserlichen Oper in Sankt Petersburg und Moskau mit und erhielt während dieser Aufenthalte Kompositionsunterricht bei Rimskij-Korsakow. Mit den Opern ‚*Re Enzo*' (Bologna 1905) und ‚*Semirama*' (Bologna 1910) konnte er sich einen Namen machen, wiewohl ihm der nachhaltige Erfolg auf der Opernbühne versagt blieb. Seine Versuche, sich vom geltenden Ideal des Verismo zu lösen, führten schließlich zu einer Bearbeitung des ‚*Orfeo*' von Claudio Monteverdi (Mailand 1935), des Vorbilds, dem nicht nur er in eigenen Kompositionen folgte. In Werken wie den Impressionen ‚*Antiche Danze e Arie per Liuto*' (1917, 1924, 1932), dem ‚*Quartetto dorico*' (1924) oder dem ‚*Concerto gregoriano*' für Violine und Orchester (1921) suchte er sich sogar der Gregorianik neu anzunähern. Anhaltenden Erfolg hatte Respighi mit seinen nach dem Vorbild Franz Liszts komponierten, von ihm selbst im In- und Ausland dirigierten symphonischen Dichtungen ‚*Le Fontane di Roma*' (1916), in denen er die Empfindungen nachzeichnete, die vier der bedeutendsten Fontänen Roms zu verschiedenen Tageszeiten auslösen, sowie ‚*I Pini di Roma*' (1924) und ‚*Feste Romane*' (1928). 1913 wurde er Professor für Komposition am *Conservatorio di Santa Cecilia* in Rom. Nach einigen Direktoratsjahren (1924–1926) konnte er sich unter Beibehaltung einer Meisterklasse ausschließlich seinem Schaffen widmen. Er gehörte zu den wenigen zeitgenössischen Komponisten, dessen Werke als kulturelle Manifestation der Achse Berlin-Rom in Deutschland während des nationalsozialistischen Regimes aufgeführt werden durften. Am 18. April 1936 starb er hochgeehrt in Rom. Nebenstehend wiedergegebene unbezeichnete Photographie aus dem Jahre 1927 zeigt den Komponisten wie auf nahezu allen an die Öffentlichkeit gelangten Aufnahmen ernst und verschlossen (Berlin, Archiv für Kunst und Geschichte, Inv. Nr. I It 163 a/4).

Robert Stolz

Seit 1922 wichen in der Briefmarkenherstellung die Zahlen, Wappen und Regentenabbilder auch den Porträts großer Musiker, denen man namentlich an wichtigen Gedenktagen ein durch den Postverkehr weittragendes Andenken zollte. Allen voran ehrte 1922 Österreich die Komponisten Joseph Haydn, Wolfgang Amadeus Mozart, Ludwig van Beethoven, Franz Schubert und die Walzerkönige Johann Strauß Vater und Sohn, womit deren weltweite Präsenz nachhaltiger als in Münz- und Medaillenprägungen besiegelt wurde und das Porträt als allgegenwärtiger Gebrauchsgegenstand oder als Sammelobjekt der Philatelisten massenhafte Verbreitung fand. 1926 nahm Deutschland Ludwig van Beethoven und Johann Sebastian Bach in seine postläufige Ausgabe auf, 1933 folgten Szenen aus dem Werk Richard Wagners und 1935 zu seinem 350. Geburtstag das Porträt von Heinrich Schütz. An Ehrentagen stellten fortan viele Länder ihre Musiker vor: Frankreich ließ Hector Berlioz und Claude Debussy mit einem flöteblasenden Pan prägen, Italien 1942 Gioacchino Rossini, die Sowjetunion 1940 Peter Iljitsch Tschaikowski, Norwegen 1943 Edward Grieg oder die Schweiz den Sängervater Hans Georg Nägeli. Für Robert Stolz, Komponist von 27 Operetten, in denen er die Tradition der Wiener Operette fortsetzte mit weltberühmten Melodien wie ‚Im Prater blüh'n wieder die Bäume' oder ‚Du sollst der Kaiser meiner Seele sein', der Operette ‚Zwei Herzen im Dreivierteltakt' oder ‚Venus in Seide' wurde 1980 von der Republik Österreich eine Sondermarke geprägt. Am 25. August 1880 in Graz geboren und am 27. Juni 1975 in Berlin gestorben, war er zwölf Jahre Kapellmeister am Theater an der Wien, bevor er sich 1938 gezwungen sah, das Land zu verlassen und in die USA auszuwandern, wo er über 100 Filmmusiken und Musicals unter anderem für Hollywood-Filme komponierte. 1950 kehrte er nach Wien zurück und setzte seine Musical-Eisrevue- und Schlagerproduktion so anpassungsgewandt fort, daß ihm 1969 die ‚Goldene Schallplatte' für den Verkauf von zwei Millionen Langspielplatten verliehen wurde. Nicht nur benannte man nach ihm einen Platz in Wien und setzte ihm in Graz ein Denkmal, die Prägung besagter 6-Schilling-Sondermarke mit dem Melodieausschnitt ‚Im Prater blüh'n wieder die Bäume' gereichte dem leidenschaftlichen Philatelisten – wenn auch posthum – zur besonderen Ehre.

EUROPA · CEPT · 1980
ROBERT STOLZ 1880/1975
REPUBLIK ÖSTERREICH
S6
A. PILCH
1980
R. TOTH

Béla Bartók

Über sein von vielen Depressionen überschattetes Leben als Forscher, Pädagoge, Komponist und Konzertpianist gibt Béla Bartók, der am 26. September 1945 in der Emigration in New York starb, in seiner Autobiographie Auskunft, die bereits 1921 in Wien erschienen ist. Er gehörte zu jenen gelehrten Musikern, die ihre Aufgabe in der Schaffung einer übernationalen Musik sahen, die aus den Strukturen von Volksmusik erwächst. Gemeinsam mit Zoltan Kodály erwanderte er seine ungarische Heimat auf der Suche nach Volksmelodien, die er aufzeichnete und in zahlreichen Untersuchungen auswertete, in denen er resümierend feststellen konnte: „Das Studium dieser Bauernkunst war deshalb von entscheidender Bedeutung für mich, weil sie mich auf die Möglichkeit einer vollständigen Emanzipation von der Alleinherrschaft des bisherigen Dur- und Mollsystems brachte." In seinem vielschichtigen Werk, das auf der Verarbeitung dieser „Bauernmusik" beruht, vermittelt er eine Summe melodischer, rhythmischer, satztechnischer wie formaler Möglichkeiten, die vom progressiv gestalteten Lehrwerk für Klavier (‚Mikrokosmos') bis zu strukturell hochkomplizierten Werken, wie dem Konzert für Orchester (1943), reichen. Seine Intention legte Bartók in zahlreichen wissenschaftlichen Arbeiten dar. Sie mündete in dem gemeinsam mit Kodály herausgegebenen *‚Corpus musicae popularis Hungaricae'* (1951 ff.). Wurde er vom Publikum zunächst nicht verstanden, so war sein erster bedeutender Erfolg als Komponist die Uraufführung des Tanzspiels ‚Der holzgeschnitzte Prinz' im Jahre 1917. Von diesem Zeitpunkt an wurde er durch die wachsende internationale Anteilnahme über politische Anwürfe hinweggetragen, die ihn nach dem Zusammenbruch der Österreichisch-Ungarischen Monarchie als Mitglied des Musikdirektoriums trafen. Erst vor der „eminenten Gefahr, daß sich auch Ungarn diesem Räuber- und Mördersystem ergibt", die nach dem Anschluß Österreichs an Deutschland bestanden hatte, verließ er 1940 sein Land. – Bartók, der am 25. März 1881 in Nagyszentmiklós geboren worden war, lebte in tiefer Einsamkeit und war besonders durch die schwere Krankheit seiner letzten Jahre in den USA ein scheuer Künstler. Durch Adalbert Sipos wurde sein markant wirkender Kopf in eine kubistische Zeichnung umgesetzt (Foto: Historisches Museum der Stadt Wien, Inv. Nr. 133757).

Curt Sachs

Curt Sachs, dessen Porträtnachlaß derzeit noch nicht abschließend zu beurteilen ist, gelang es als einem der letzten Polyhistoren, ein umgreifend enzyklopädisches Lebenswerk vorzulegen, das 1904 mit der kunsthistorischen Dissertation über ‚Verrocchios Skulpturen' begann. Getrieben von der Vorstellung, die Gesamtheit der Musik morphologisch-ethnologisch in einer Synopsis erfassen zu wollen, wandte er sich von 1909 an ausschließlich der Musikwissenschaft zu, die sich zu jener Zeit bereits in ihre philologisch-historische und ihre morphologische Richtung spaltete. Sachs, der am 29. Juni 1881 in Berlin als Abkömmling einer alten jüdischen Patrizierfamilie geboren wurde, bekleidete bis zum Verlust aller seiner Aufgaben durch die Nürnberger Rassengesetze von 1933 viele Ämter, war in Berlin sowohl Direktor der Staatlichen Instrumentensammlung, Professor für Instrumentenkunde an der Staatlichen Hochschule für Musik, Sachverständiger für die Indische Abteilung sowie die Asiatische Sammlung des Museums für Völkerkunde als auch langjähriger Fachberater in Fragen der öffentlichen wie privaten Musikerziehung. In dieser Funktion war er Mitarbeiter des damals für Musikerziehung zuständigen Ministerialrats Leo Kestenberg. Bevor Sachs 1937 einem Ruf nach New York folgte, wirkte er an der Pariser Sorbonne, wo er als Stipendiat am *Musée du Trocadéro* die vielbeachtete, erste umfassende, musikgeschichtlich aufgebaute Schallplattensammlung herausgab, die *‚Anthologie Sonore'*. Heute gehören das ‚Reallexikon der Musikinstrumente' (Berlin 1913), das ‚Handbuch der Musikinstrumentenkunde' (Leipzig 1920), ‚Geist und Werden der Musikinstrumente' (Berlin 1929), die ‚Weltgeschichte des Tanzes' (Berlin 1933) und *‚Rhythm and Tempo'* (New York 1953) zu den Standardwerken der Musikwissenschaft, die durch die Detailforschung inzwischen zwar präzisiert wurden, nicht jedoch an Gültigkeit eingebüßt haben. Sein Leben, das nahezu ausschließlich der Forschung gewidmet war, endete am 5. Februar 1959, nachdem er von vielen Universitäten Westeuropas und der USA hohe Ehrungen erfahren hatte. – Nebenstehendes Foto zeigt den Wissenschaftler in späten Jahren (New York, The New York Public Library).

George Enescu

Bis in die Zeit des Aufstandes von 1821, der Revolution von 1848, des Kampfes für den Zusammenschluß der Fürstentümer Muntenien und Moldau 1859 und des neuerlichen Kampfes für die nationale Unabhängigkeit 1877 war die Kunstmusik Rumäniens ausschließlich an westlichen Vorbildern orientiert. In diesem Zeitraum gewannen jedoch sozialpatriotische Intentionen an Gewicht und wurden Kompositionen populär, in denen patriotische Themen mit Mitteln des spezifischen Modalismus der rumänischen Folklore verarbeitet wurden. Erst durch die Gründung der Konservatorien in Bukarest und Iasi 1864 wurden die Voraussetzungen für die eigene professionelle Musikausübung geschaffen, die der inner- und außerhalb seines Landes gefeierte Violinvirtuose und Komponist George Enescu (Georges Enesco) nachhaltig mitprägte, nachdem er, am 19. August 1881 in Liveni geboren, seine Ausbildung in Wien und Paris erfahren hatte. Bereits in frühester Jugend genoß er als Violinvirtuose am Wiener Konservatorium sensationelle Erfolge und konnte nach seinen Kompositionsstudien bei Jules Massenet und Gabriel Fauré am *Conservatoire* in Paris eine Virtuosenkarriere beginnen, die ihn durch die ganze Welt führte. Seine beiden ‚Rumänischen Rhapsodien' (1901, 1902) gehören, inspiriert von den virtuosen Zigeunergeigern seiner Heimat, zu den erfolgreichsten Werken; vielfach bearbeitet, fanden sie sogar Eingang in das Repertoire von Pop-Konzerten. Weit weniger populär konnte seine Oper ‚Oedipus' (nach Sophokles) werden, die 1936 in Paris uraufgeführt wurde. Enescu, der 1912 einen Preis für rumänische Komponisten gestiftet hatte, als deren bedeutendster er schon zu Lebzeiten gefeiert wurde, begann in seinen späteren Jahren zu lehren und wurde zum Vorbild vieler Geiger, etwa von Yehudi Menuhin. Enescu starb am 4. Mai 1955 in Paris. In Enescus Bukarester Haus wurde nicht nur ein Museum mit seinem Mobiliar, seinen Instrumenten und seinem bildlichen Nachlaß eingerichtet, man ehrt ihn auch in Konzerten, Wettbewerben und Symposien. – Enescu sei hier in einer Zeichnung von Vasile Baboie von 1946 vorgestellt.

1946

Gian Francesco Malipiero

„Dank dem Chemiker wird unsere Zivilisation verschwinden, und all die kritischen Essays, die in der Absicht geschrieben sind, die Künste zu überleben, werden selber als Opfer der Chemie vergehen. Im Gegensatz zu diesem kritischen Interesse an der Zukunft sehen wir den glühenden Wunsch, zu den Quellen der Musik zurückzukehren, nun, da alle Bemühungen, einen neuen Weg zu finden, erschöpft sind." So schrieb Gian Francesco Malipiero in seinem Aufsatz ‚*A Plea for true Comedy*' in ‚*Modern Music*', 1929, einem der zahlreichen Aufsätze des Komponisten, dessen schriftstellerisches Werk ebenso bedeutend ist wie das herausgeberische oder kompositorische. Er edierte nicht nur die erste Gesamtausgabe der Werke Claudio Monteverdis (16 Bände, 1926–1942), sondern auch Kompositionen von Benedetto Marcello, Arcangelo Corelli oder Antonio Vivaldi. Sein eigenes Schaffen spiegelt die bewußte Opposition zur deutschen wie italienischen Überlieferung des 19. Jahrhunderts wider. In der Tradition von Vincenzo Bellini, Gaetano Donizetti und Giuseppe Verdi sah er ebenso einen Irrweg wie in der thematischen Arbeit der Sinfonik. Monteverdi, Domenico Scarlatti und Vivaldi hingegen erkannte er ähnlich wie sein Landsmann Ottorino Respighi als die für ihn geltenden Vorbilder an, von denen er eine herbe, kontrastierende Klangregisterdisposition bezog. Malipiero wurde am 18. März 1882 in Venedig geboren und studierte bis 1904 am *Liceo musicale* in Bologna. Mit dem ersten Heft der ‚*Pause del silenzio*' (1917) löste er sich nach Begegnungen mit französischer Musik in Paris von der Kompositionsweise seiner ersten Jahre, die er später sogar verwarf. Die Harmonik dieses Werks für Orchester ging in Richtung Atonalität mit geistiger Anlehnung an den Expressionismus, dessen Strenge zur Erneuerung der italienischen Musik beitrug. Malipiero, der von 1940 bis 1953 das *Conservatorio Benedetto Marcello* in Venedig leitete, gehört mit seinem nahezu alle Gattungen umfassenden Œuvre zu den wichtigsten Persönlichkeiten des italienischen Musiklebens zwischen „Tradition und Gegenwart, konstruktivem Denken und gebändigter Freizügigkeit" (Josef Häusler). Er starb am 1. August 1973 in Treviso. Nebenstehende Photographie zeigt den Komponisten in seiner letzten Schaffenszeit (München, Bilderdienst Süddeutscher Verlag, Nr. 34550).

Igor Strawinsky

Unter dem Postulat „Musik kann nichts ausdrücken, partout gar nichts ..." (1939) gehörte Igor Fjodorowitsch Strawinsky zu den Musikern, die das illusionistische Gesamtkunstwerk und die wechselseitige Erhellung der Künste für sich ablehnten. Als Autonomist war er vielmehr von der Eigengesetzlichkeit der Musik als Reaktion auf die niedergehende Spätromantik überzeugt, schloß sich temporär nahezu allen Kompositionsrichtungen an und wurde durch Momente wie die Motorik und rhythmische Asymmetrie bestimmt. Am 5. (17.) Juni 1882 in Oranienbaum bei Sankt Petersburg geboren und am 6. April 1971 in New York gestorben, gehört Strawinsky zu den einflußreichsten Musikern des 20. Jahrhunderts. Seine Laufbahn begann in der Umgebung von Sergej Diaghilew, für dessen ‚*Ballet russe*' er die Ballette ‚*Le Sacre du Printemps*' (Paris 1913), ‚*Petruschka*' (Paris 1920) sowie ‚*Pulcinella*' (Paris 1920) schrieb. Im Umkreis vieler maßgeblicher Künstler, etwa von Jean Cocteau oder Pablo Picasso, wurde Strawinsky zu einem vermögenden Weltbürger, der ein gesuchtes Gegenüber für zahlreiche Bildkünstler war. Da er selbst leidenschaftlich Porträtphotographie betrieb, konnte er die in den Jahren bis zu Diaghilews Tod (1929) als Freundschaftsgaben, Auftragsporträts, Gruppenbilder oder – wie etwa von Jacques-Émile Blanche – gezielt im Bewußtsein angefertigten Gemälde, daß Paris in diesen Jahren der Schmelztiegel bedeutender Kunstereignisse sei, mit Interesse verfolgen. Er hatte zu allen Malern des Russischen Balletts persönlichen Kontakt, den er auch nach seinem Weggang in die USA 1939 fortsetzte. Besonders freundschaftlich verbunden war er Pablo Picasso, dessen „nüchterne Art zu sprechen" und ebenso rasch realisierte wie treffende zeichnerische Charakterstudien er sehr schätzte. Ein Beispiel dafür sei hier abgebildet, das Picasso dem Musiker neben fünf anderen Zeichnungen dedizierte (Foto: Spadem, Paris/ Bild-Kunst, Bonn). Zusammen mit Photographien, etwa der kontrastreichen Aufnahme mit Flügeldeckel von Arnold Newman (1946), könnten die zumeist ohne Strawinskys Auftrag entstandenen Porträts (so etwa Marc Chagalls Tuschzeichnungen oder Alberto Giacomettis Skizzen) bis zur stark visionären Bronze von Marin Marins eine Galerie füllen.

Karol Szymanowski

In Karol Szymanowski verehren die Polen bis heute einen Komponisten, der nach Frédéric Chopin der erste war, der über eine außergewöhnliche, national geprägte Schöpferkraft verfügte. Das posthum (1952) entstandene Gemälde, das mit grobem Strich jene Phase charakterisieren soll, in der sich der Komponist unter die Bergbauern des Tatra-Gebirges mischte, um deren Musik zu studieren, gibt die Verehrung für diesen Mann treffend wieder (Jan Seweryn Sokołowski, Warszawa, Instytut Sztuki, Inv. Nr. 2813 Pl, 100 × 120 cm). Szymanowski wurde am 6. Oktober 1882 in Tymoszówka (Ukraine) als Sohn wohlhabender Eltern geboren und studierte in Warschau Komposition. Nach der Plünderung des Familienbesitzes im Zuge der Russischen Revolution 1917 flüchtete er nach Polen, wo es ihm gelang, die starken Spuren, die zum Beispiel Richard Strauss' Schaffen in seinem Werk hinterlassen hatte, durch die Verarbeitung eigener Volksmusikerfahrungen zu ersetzen. Zeigte die 1922 in Warschau uraufgeführte, jedoch schon 1912 geschriebene Oper *‚Hagith'* noch die Abhängigkeit von so spektakulären Musikereignissen, wie es die ‚Salome' von Richard Strauss war, so hatte er in Spätwerken wie dem *‚Stabat mater'* (1928) oder dem Ballett *‚Harnasie'* (1935) zu einem persönlichen Stil gefunden. Dieses Ballett ist einer der wenigen polnischen Beiträge zur Geschichte dieser Gattung, die zeitweise an die Stelle der „sprachlos gewordenen Oper" getreten war. Als Tanzpoem konzipiert, erzählt es die Legende der Räuber der Tatra-Berge, die mit der ihnen eigenen Musik und ihren Tänzen vorgestellt werden. Szymanowski war von 1926 bis 1929 Professor und Direktor des Konservatoriums in Warschau und verfaßte Essays von großer Tragweite. Er starb am 29. März 1937 in Lausanne. Die Stationen, die der Komponist durchlaufen hat, vom weitgereisten Weltmann bis zum besinnlichen, sich seiner eigenen Wurzeln bewußten Menschen, sind von einer Vielzahl treffender Bildnisse vom expressionistischen Holzschnitt bis zum glatten Standesporträt, das ihn am Flügel zeigt, festgehalten worden. Das nebenstehende Gemälde scheint zwei einander fremd gewordene Welten in ihm im Bild wieder versöhnen zu wollen.

Leo Kestenberg

Oskar Kokoschka gehört zu den wenigen Malern, die das individuell-visionistische Porträt für das 20. Jahrhundert mitgeprägt haben und nach eigener Aussage, solange er ein Gesicht hat festhalten können, diese Fähigkeit kommerziell genutzt hat. Für viele führende Persönlichkeiten galt er als derjenige Maler, der seit seinem bekannten Bildnis des Naturwissenschaftlers Auguste Forel (1910) das ,,individuelle Schicksal vorweg sichtbar zu machen schien". Von 1926 bis 1927 entstand das repräsentative Gemälde des 1919 ins preußische Kultusministerium zur Reform des Unterrichtswesens im Fach Musik berufenen Leo Kestenberg, über das der Musiker schrieb: ,,Das Bild, das Kokoschka 1927 von mir gemalt hat, hat für mich eine wahrhaft magische Bedeutung. Von dem Augenblick an, da er es mir schenkte, war es für mich wie ein Imperativ, der mich anwies, die Idee zu verwirklichen, die mir Kokoschka in diesem Bild vorgezeichnet hat. Und Kokoschka hatte diese Idee lange gesucht, ehe er die Synthese von sinnlicher Empfindsamkeit und kräftigem Lebenswillen gefunden hatte; und das Bild hat er fünf- oder sechsmal in seiner Form und Gestalt verändert, bevor es das wurde, was es jetzt ist." Das Bild gibt eine starke Persönlichkeit wieder, die sich ihrer verantwortlichen Funktion als Pädagoge bewußt ist. Kestenberg wurde am 27. November 1882 in Rosenberg (Ungarn) geboren und war Schüler von Franz Kullak und Ferruccio Busoni. Als vortrefflicher Pianist konnte er sich einen Namen machen, bevor er sich der Pädagogik zuwandte und das Werk Hermann Kretzschmars fortsetzte. Dieser hatte in seiner Arbeit ‚Musikalische Zeitfragen' Probleme des Musikunterrichts in der Schule und privat sowie der Ausbildung der Fachmusiker aufgezeigt, die von Kestenberg in einen Unterrichtsplan umgesetzt wurden, den er 1921 in der Schrift ‚Musikerziehung und Musikpflege' vorlegte. Er setzte damit nicht nur die Gleichrangigkeit von Musiklehrern an höheren Schulen neben denen der wissenschaftlichen Fächer durch, sondern auch eine Neuordnung der Privatmusiklehrerprüfung (1925), bei der seither außer den erforderlichen künstlerischen Leistungen auch eine ausreichende musikalische Allgemeinbildung gefordert wird. Kestenberg, der unter dem Druck des nationalsozialistischen Regimes nach Israel auswanderte, starb am 14. Januar 1962 in Tel Aviv.

Zoltán Kodály

Am Ende des Jahres 1905 erschien in der Zeitschrift ,Ethnographia' ein Aufsatz von Zoltán Kodály ,Volksliedersammlung aus Mátyusföld' mit zahlreichen Notenbeispielen und Anmerkungen zur Arbeitsmethode des Sammelns von Volksliedern, die den um ein Jahr älteren Béla Bartók dazu bewogen, Kontakt zu Kodály aufzunehmen. Die seit dieser Zeit datierende und bis zum Weggang Bartóks in die USA (1940) währende produktive Zusammenarbeit war der Anfang sowohl einer neuen Ära in der Geschichte der ungarischen Musikethnographie als auch der Musikerziehung. Neben der kompositorischen Arbeit, in die die Erfahrungen der Sammeltätigkeit einflossen – etwa die komische Oper *,Hary János'* (1928), eine Behandlung der Erlebnisse eines ungarischen Till Eulenspiegels, oder das Orchesterwerk ,Tänze aus Galánta' (1933) – war Kodály leidenschaftlicher Erzieher. Fünfunddreißig Jahre lang lehrte er nicht nur an der Budapester Akademie, sondern ging zudem in die Schulen seines Landes, um eine Methode des Singunterrichts zu entwickeln. Getragen von der Überzeugung, „... daß die Menschheit glücklicher wird, wenn sie es lernt zu musizieren", verfaßte er 1943 nicht nur ein verbindliches Schulliederbuch (Bd. I und II), Übungsstücke für Chöre, *,Bicinia Hungarica'* (1937–1942) zur Einführung in das zweistimmige Singen, Kinderchöre und populäre Chorwerke, sondern entwickelte gemeinsam mit Musikpädagogen ein Musikerziehungssystem, das bis heute die Grundlage der musikalischen Ausbildung in Ungarn bildet. Kodály, der am 16. Dezember 1882 in Kecskemét geboren wurde und anfangs beabsichtigte, eine naturwissenschaftliche Laufbahn einzuschlagen, wurde von der Universität Budapest promoviert nach Vorlage der Arbeit ,Der Strophenbau im ungarischen Volkslied'. Nach dem Zweiten Weltkrieg war er ein führender künstlerischer Botschafter seines Landes. Er starb am 6. März 1967 in Budapest. Gemäß seiner Funktion als Repräsentant ungarischer Musik, überwiegen in seinem Porträtnachlaß die Photographien, die anläßlich offizieller Auftritte entstanden sind und den seiner Sendung bewußten Mann im Mittelpunkt ihn Verehrender zeigen. Introvertiert, dem Betrachter den Blick verweigernd, hat ihn 1961 József Szalatnyay in einem Pastellbildnis gemalt, das hier wiedergegeben sei (Budapest, Musikhistorisches Museum der Ungarischen Akademie der Wissenschaften, 62 × 48 cm).

Josef Matthias Hauer

Zur einhundertsten Wiederkehr des Geburtstags des Komponisten Josef Matthias Hauer, der am 19. März 1883 in Wiener Neustadt geboren wurde, veranstaltete das Historische Museum der Stadt Wien eine erste Gesamtdokumentation über das Leben und Schaffen dieses Einzelgängers. Durch diese zahlreiche Porträts, Schriften und musikalische Werke umfassende Würdigung sollte der Musiker, dem es unabhängig von Arnold Schönberg 1921 gelang, eine Zwölftonmusik zu entwickeln, wieder in Erinnerung gebracht werden. Er erkannte unter den Melosmöglichkeiten, die sich aus der Kombination von 12 Tönen ergeben können, 44 Kategorien – sogenannte Tropen –, die die Grundlage eines „Zwölftonspiels" bilden, in dem Hauers kompositorische Bemühungen gipfeln. An diesem Punkt der Rationalisierung angelangt, verfaßte Hauer am 16. März 1947 ein Manifest, in dem er konsequent der Möglichkeit individuellen Komponierens abschwor und seine Musik als „musikalische Meditation" verstanden wissen wollte. Zu den wichtigsten Quellen für die Biographie Hauers gehört der ihm zugeeignete Roman ‚Sonnenmelodie' von Otto Stoessl, der 1923 erschienen ist. Stoessl, der den Komponisten 1921 in der Umgebung von Alfred Kubin, Anton Faistauer und Ernst Křenek kennengelernt hatte, erkannte in dem „armen niederösterreichischen Volksschullehrer das Genie" (Stoessl), für das er sich fortan einzusetzen begann. Nach der Übersiedelung nach Wien 1914 und seiner Suspendierung aus dem Schuldienst 1919 führte Hauer bis zu seiner Diskriminierung durch das Hitler-Regime (1938) ein schaffensreiches Leben, in dem er mit einigen Malern und Dichtern seiner Zeit eng verbunden war. So ist es verständlich, daß sich in Hauers Hinterlassenschaft zahlreiche bedeutende Porträts befinden, etwa eine streng aus ‚Bauelementen' gebildete Lithographie des ihm befreundeten Malers und Graphikers Carry Hauser (1922), das großformatige Gruppenbild von Erwin Lang, das die Familie Köchert, Hauer am Cello und den Maler festhält (1929), oder das hier gezeigte Gemälde von Josef Dobrowsky, der den Komponisten streng, kontrastreich, mit meditativ gefalteten Händen wiedergibt (Historisches Museum der Stadt Wien, Inv. Nr. 72.902, 100 × 80,5 cm). Das Gemälde entstand 1948, ein Jahr nach der ersten öffentlichen Aufführung von Zwölftonspielen in Wien. Hauer starb dort am 22. September 1959.

Anton (von) Webern

Als im Jahre 1947 das Konzert für Flöte, Oboe, Klarinette, Horn, Trompete, Posaune, Geige, Bratsche und Klavier op. 24 von Anton von Webern im Druck herausgebracht wurde, zwei Jahre nachdem er am 15. September 1945 von einem amerikanischen Besatzungssoldaten in Mittersill (Land Salzburg) erschossen worden war, verfaßte Arnold Schönberg folgende Worte als Vorwort zu dieser Ausgabe: ,,Man wird uns drei – Berg, Webern, Schönberg – zusammen nennen müssen, wie eine Einheit, weil wir mit Intensität und opferbereiter Ergebenheit an einmal erschaute Ideale geglaubt haben und niemals von ihnen gelassen hätten, auch wenn es gelungen wäre, uns irre zu machen." Anton von Webern war am 3. Dezember 1883 in Wien geboren worden. Von 1904 bis 1908 betrieb er, insbesondere bei Guido Adler, Studien an der Wiener Universität und wurde Schüler Arnold Schönbergs. Unter dessen kompromißloser Führung, die beide freundschaftlich aneinander band, entwickelte Webern die für ihn charakteristische extreme Ausdrucksdichte durch Kürze und Konzentration der musikalischen Gestaltung, die der pointillistischen Maltechnik durch Fragmentationsprozesse ähnlich ist. Die posthume Würdigung seines Schaffens wurde von Theodor Wiesengrund Adorno 1945 vorweggenommen, der in Weberns Stil die Gesinnung unserer Kultur erkannte: ,,Es ist eine einsame Seele, die vor den vermauerten Toren zittert und am Glauben sich hält: nichts sonst bleibt ihr." Webern hatte sich nach einigen Jahren, die er als Kapellmeister in Teplitz, Danzig, Stettin und Prag verbracht hatte, 1918 wieder nach Wien begeben, wo er bis 1922 in dem von Schönberg geleiteten ,Verein für musikalische Privataufführungen' mitarbeitete. In diesen Jahren schloß er sich dem Künstlerbund ,Hagen' an, einer Vereinigung fortschrittlicher Maler und Bildhauer, der Oskar Kokoschka, das Ehepaar Humplik und Egon Schiele angehörten, die ihn im Verlaufe einiger Jahre alle porträtierten. Hier sei die 1928 entstandene Büste von Josef Humplik reproduziert, die ein beredtes Zeugnis ist für den durchgeistigten Komponisten. Josef Humplik gehörte der Wiener Sezession an und war ein gesuchter Porträtbildhauer zahlreicher bedeutender Persönlichkeiten (Historisches Museum der Stadt Wien, Inv. Nr. 52191, 35 cm).

ANTON WEBERN
VON
IOSEF HVMPLIK

Manolis Kalomiris

In Griechenland hat sich nach der Befreiung von der türkischen Herrschaft (1829) unter König Otto von Bayern nur langsam ein Musikleben im westlichen Sinne entfaltet. Vor der Gründung der ersten Musikschule ‚Odeion' (1871), die nach dem Muster westeuropäischer Konservatorien eingerichtet wurde und den Beginn einer systematischen Fachausbildung markiert, war die Musikpraxis auf italienische Vorbilder angewiesen. Lediglich auf den Ionischen Inseln, die nie unter die türkische Herrschaft gefallen sind, hatte sich eine Musikkultur entwickeln können, die der beginnenden griechischen Nationalmusik als Modell diente, deren Hauptinitiator Manolis Kalomiris wurde. Am 14. Dezember 1883 in Smyrna (Kleinasien) geboren, wurde er am Konservatorium der Gesellschaft der Musikfreunde in Wien zum Komponisten und Pianisten ausgebildet und kehrte 1910 mit dem erklärten Ziel nach Griechenland zurück, nach Jahren der Praxis als Lehrer an der Musikschule Obolenski in Charkow (Rußland) und reisender Konzertpianist an der Entwicklung der nationalen Musik seines Landes mitzuwirken. In der Position eines Professors am *‚Odeion Athinón'*, später als Direktor des von ihm gegründeten *‚Ellinikón Odeion'* und schließlich als Generalinspektor der Militärmusik konnte er ein vielseitiges Schaffen entfalten, das nahezu alle Gattungen umfaßt. Fußend auf der griechischen Märchen- und Volksmusiktradition, entwickelte er einen persönlichen, expressiven Stil, in dem Naturskalen, Modi und orientalische Chromatik mit der Harmonik Westeuropas kompiliert wurden. Insbesondere in seinen außerhalb Griechenlands unbekannt gebliebenen Bühnenwerken versuchte er diese Symbiose zu verwirklichen, etwa in dem Musikdrama *‚The Shadowy Waters'* (1951). Mit dem Dichter Kostis Palamas verband ihn eine enge Freundschaft, die im Gesamtwerk von Kalomiris wirksam wurde und bis in das symphonische Werk reicht, deren Zentrum bisweilen aus Gesangspartien nach Texten des Freundes besteht. Kalomiris starb am 3. April 1962 in Athen. – Das Pastell, das den selbstbewußten Komponisten ein Jahr vor seiner Rückkehr nach Griechenland zeigt, ist von Ewangelos G. Ioannides gemalt worden und befindet sich in Familienbesitz (Athen, etwa 65 × 55 cm).

Alban Berg

Nach 137 Proben erlebte am 14. Dezember 1925 an der Berliner Staatsoper unter dem Dirigenten Erich Kleiber die Oper ,Wozzeck' von Alban (Maria Johannes) Berg nach Georg Büchners Dramenfragment die mit einer Mischung aus Begeisterung und Entsetzen aufgenommene Uraufführung. Seit 1945 gehört diese Oper zu den markantesten pessimistischen Zeitdokumenten der zwanziger Jahre. Hinter ihrer intellektuellen Konzeption und formalen Strenge haben sich bittere Erfahrungen während Bergs Dienst in der Offiziersschule in einer expressiven Tonsprache ausgedrückt. Der am 9. Februar 1885 in Wien Geborene wurde 1904 von Arnold Schönberg als privater Kompositionsschüler aufgenommen. Stärker noch als Anton von Webern hatte sich Berg seither an seinen Lehrer gebunden, sich für dessen Schaffen in diversen Aufsätzen und Huldigungen eingesetzt (,Warum ist Schönbergs Musik so schwer verständlich', in: ,Musikblätter des ,Anbruch' zu Schönbergs 50. Geburtstag, 13. September 1924'), auch wenn er in seinem eigenen Schaffen die Synthese zwischen Tradition und den Innovationen Schönbergs anstrebte. Mit dem Violinkonzert zum Gedenken an Manon Gropius, die Tochter von Alma Mahler und Walter Gropius, das mit demselben Akkord wie Mahlers ,Lied von der Erde' (einem Durdreiklang mit hinzugefügter Sext) als Abschied von „Jugend, Schönheit und Freundschaft" (Mahler) endet, beschloß Berg sein Schaffen. Er starb am 24. Dezember 1935 in Wien und hinterließ neben seinem bedeutenden Œuvre das Fragment der Oper ,Lulu' nach Frank Wedekinds Dramen ,Erdgeist' und ,Die Büchse der Pandora', deren rekonstruktive Vollendung erst vor wenigen Jahren gelang. – Bergs Nachlaß umfaßt auch eine große Zahl von offiziellen wie privaten Photographien, die zum Teil von Willi Reich, dem ersten Biographen Bergs, stammen. Um 1910 widmete ihm sein Lehrer Schönberg eines seiner gelungensten Porträts, das er nahezu in Lebensgröße faßte (175 × 85 cm). Es dürfte in jener Zeit finanzieller Not entstanden sein, in der Schönberg den Direktor der Wiener Universaledition bat, ihm Mäzene zu nennen, die sich von ihm porträtieren lassen wollten. Schließlich sei es viel interessanter, von einem Musiker von Schönbergs Ruf gemalt worden zu sein, als von „irgend einem Kunsthandwerker" (Unsigniert und undatiert, Historisches Museum der Stadt Wien, Inv. Nr. 90524).

Egon Wellesz

Egon Wellesz, am 21. Oktober 1885 in Wien geboren und am 9. November 1974 in Oxford hochgeehrt gestorben, wohin er 1938 emigrierte, gehört zu den bedeutenden Vertretern sowohl der Komposition als auch der Musikwissenschaft. Er war Schüler Arnold Schönbergs, den er für den besten, solidesten Lehrer in der alten Technik hielt, und Guido Adlers, des Nachfolgers Eduard Hanslicks auf dem Lehrstuhl für Musikwissenschaft an der Wiener Universität. 1915, wenige Jahre nach seiner Promotion sowie Habilitation, begann er mit der Erforschung der Musik des christlichen Orients, und es gelang ihm die „Entdeckung des Maquamprinzipes in der serbischen Musik und von dort ausgehend die Entzifferung der mittelbyzantinischen Notenschrift, wodurch das Rätsel der komplexen Zeichengruppierung gelöst war" (Wellesz). Das Ergebnis zahlreicher Reisen im Nahen Osten, die er unter anderen mit Béla Bartók und Paul Hindemith unternahm, war die Gründung der Serie *‚Monumenta Musicae Byzantinae' (1931).* Inspiriert von der Freundschaft mit Hugo von Hofmannsthal und seiner wissenschaftlichen Beschäftigung mit der Oper im 17. Jahrhundert konnte er an eigenen Kompositionen neben zahlreichen Klavierwerken und einiger Vokalmusik auch Bühnenwerke vorlegen, von denen bis heute das beachtetste die Oper ‚Alkestis' nach Euripides (1924) ist. Er strebte in seinem sechs Opern und vier Ballette umfassenden dramatischen Schaffen zeit seines Lebens die Revitalisierung der Barockopern-Tradition mit Chören, Tanz-Pantomime und stilisiertem Koloraturgesang an. Nach der Annexion Österreichs durch die Nationalsozialisten ging Wellesz nach Oxford, das ihm bereits 1932 die Ehrendoktorwürde verliehen hatte. Hier wurde er ein einflußreicher Lehrer. Von seinen Werken galten Wellesz ‚Prosperos Beschwörungen' op. 53, die 5. Sinfonie op. 75 und das Violinkonzert op. 84 neben den Bühnenwerken als die Höhepunkte seiner künstlerischen Laufbahn. – Wellesz, der unter anderem mit Oskar Kokoschka befreundet war, der ihn 1911 in seiner aufsehenerregenden Manier porträtierte, sei in einer Kohlezeichnung von Walter Eckert vorgestellt, die den Komponisten kontrastreich und streng wiedergibt (Historisches Museum der Stadt Wien, Inv. Nr. 75827, 58,5 × 43,9 cm).

Edgard Varèse

Nebenstehende Photographie zeigt den seit 1915 in den USA lebenden französischen Komponisten italienischer Abstammung Edgard Varèse, dem es gelang, die emphatischen Manifeste der italienischen Futuristen in ein neues Konzept umzusetzen (New York, The New York Public Library). Er befand es für nötig, „veraltete Werkzeuge durch andere zu ersetzen, die von neuen Bedürfnissen angefordert werden", und tat unter der Feststellung, daß das Boulderdamm-Kraftwerk uns besser ausdrückt als die ägyptischen Pyramiden und die gotischen Kathedralen, den Ausspruch *„Moi, je suis l'ancêtre"*. Ausgebildet am *Conservatoire* in Paris, nachdem er an der *École Polytechnique* Mathematik und Naturwissenschaften zu studieren begonnen hatte, übersiedelte Varèse 1910 nach Berlin, wo er unter den starken Einfluß von Ferruccio Busoni geriet. Nach dem Zweiten Weltkrieg verließ er Europa, um in New York neu anzufangen auf der Suche nach einem musikalischen Äquivalent zur Dynamik des technischen Zeitalters. Er emanzipierte das Geräusch und überführte es in das Gebiet der Geräuschklänge und der Klanggeräusche. Nach 1915 schrieb er außer *‚Octandre'* für sechs Bläser und Kontrabaß (1924), *‚Density 21,5'* für Flöte solo (1936) und dem *‚Poème électronique'* (1958) kein Werk, in welchem dem Schlagzeug nicht eine dominierende Rolle zugekommen wäre. Mit technisch-wissenschaftlicher Akribie gewann er in *‚Ionisation'* für Schlagzeugensemble (1931) das Kontinuum aller denkbaren Klangereignisse und schuf damit die Voraussetzung für die *„musique concrète"*. Das Vorwort zu diesem Werk etwa ist eine Klangfarbenklassifikation nicht nur der herkömmlichen Instrumente, sondern die Erweiterung um ein ungebräuchlicheres Instrumentarium wie Sirenen, Amboß, Rummelpott (mit einer Schnur versehene Trommel) und elektronische Geräte. Varèses schulebildenden Werke entstanden in den Jahren zwischen 1923 und 1936 und lösten Skandale aus, weil man der gänzlich unkonventionellen Behandlung von Form und Klang, die er selbst mit dem Vorgang der Kristallisation verglich, nicht folgen konnte. Der Komponist, der am 22. Dezember 1883 in Paris geboren worden war, starb am 6. November 1965 in New York.

Heinrich Kaminski

Durch die Musik dem Menschen ,,Kunde zu bringen von dem Mysterium der Urzusammenhänge" (in ,Musikpflege oder Musikbetrieb') war das besondere Anliegen von Heinrich Kaminski. Die Polyphonie war für ihn die Sprache des Kosmos, in der der Mensch Zeuge der ,,... Klangwerdung ewiger Lebensgesetze ... in Zungen redender Verkündigung" wurde. Als Stilmittel, die die mystische Kraft seiner meditativ entstandenen Kompositionen erhöhen sollten, setzte er Fernchöre ein (zum Beispiel im *,Magnificat'* für Solosopran, Viola, Orchester und kleinen Fernchor, 1925). Kaminski steht mit seiner Haltung, die sich gegen die individuelle Selbstgesetzlichkeit des *l'art pour l'art* wandte, in der Generation derer, die zu Beginn des Jahrhunderts in der Theosophie die Überwindung des 19. Jahrhunderts und in der Wandervogelbewegung die Erneuerung des christlichen Weltverständnisses erkannten. ,,Der Künstler solle wieder Diener, Auftragsempfänger eines zweckhaft gebundenen und begrenzten Kunstgewerbes werden." Dieser Grundhaltung folgten damals zahlreiche religiös motivierte Komponisten, etwa Ernst Pepping oder zeitweise auch Johann Nepomuk David. Kaminski wurde am 4. Juli 1886 in Tiengen (Schwarzwald) geboren und starb am 21. Juni 1946 im oberbayerischen Ried, wohin er sich als Gegner des Nationalsozialismus 1933 zurückgezogen hatte. Er wählte damit den Weg in die innere Emigration, wie sein Freund und ,,Bruder" (wie er ihn nannte) Emil Nolde, der sich in das schleswig-holsteinische Seebüll hatte zurückziehen müssen und unter überwachtem ,Arbeitsverbot' stand. Kaminski bewohnte in Ried das Haus des 1916 gefallenen Malers Franz Marc, mit dem er ebenfalls befreundet gewesen war. Bis zum letzten Atemzug komponierte er in der selbst auferlegten Einsamkeit an seinem Werk, das ,,dem Gedächtnis eines verwundeten Soldaten" galt. Auch seine Oper ,Spiel vom König Aphelius' (*aphelius* = weit von der Sonne), ein Stoff, der um die Idee der Brüderlichkeit aller Menschen kreist und auf einem eigenen Text basiert, gehört zu Kaminskis letzten bekennenden Werken. – Das Aquarell von Emil Nolde (undatiert), das wie viele seiner männlichen Porträtaquarelle starke Züge von Selbstbildnissen trägt, zeigt den Komponisten in dessen charakteristischer, hochgeschlossen priesterhafter Kleidung (München, Bayerische Staatsgemäldesammlungen, Inv. Nr. 44/335, 45,6 × 35,7 cm).

Othmar Schoeck

Der am 1. September 1886 als Sohn des Malers Alfred Schoeck in Brunnen in der Schweiz geborene Othmar Schoeck war eine Doppelbegabung. Nach anfänglichen Studien der Malerei entschied er sich für die Musik und ging zu Max Reger, der ihm vor Beginn des Studiums in Leipzig zusagte, „stets schützend und fördernd" seine Hand über ihn halten zu wollen (1907). Er hatte Schoeck aufgrund einiger ihm vorgelegter Liedkompositionen „dringend" aufgefordert, in die Meisterklasse für Komposition einzutreten, und bestärkte ihn in seinem Anliegen, Lieder zu setzen, in denen Schoeck die „Erhöhung des Augenblicks" erkannte, worin „Ahnung und Geheimnis mitschwingt ..., das Unaussprechliche des Wortes in Töne gefaßt werde". „Diesen Zauber übt das Lied, das ich als die konzentrierteste und verfeinertste musikalische Gattung ansehe, auf mich aus, seit ich zu komponieren anfing ...", schrieb er später, der nach den Studienjahren nach Zürich gegangen war und diese Stadt bis zu seinem Tode am 8. März 1957 nicht mehr verließ. Mit Hermann Hesse befreundet, als Leiter diverser Chöre und von 1917 bis 1944 der Symphoniekonzerte in Sankt Gallen, erlebte er in den Jahren sowohl des Ersten wie des Zweiten Weltkrieges, wie Zürich für viele Künstler zum ersehnten Ziel auf der Flucht vor der Verfolgung wurde. Erst in diesen Jahren wurde die Stadt Treffpunkt bedeutender Persönlichkeiten, unter ihnen Ferruccio Busoni, Paul Cassirer, der Maler Carl Hofer, die Bildhauer Wilhelm Lehmbruck, Herrmann Haller, Hermann Hubacher und viele andere, die sich um Hermann Hesse und den Komponisten versammelten. Eine große Zahl von gegenseitig angefertigten Porträts datiert aus dieser fruchtbaren Zeit, etwa von der Hand Ernst Morgenthalers oder Hermann Hubachers, der aus Bern nach Zürich gekommen war und auch bühnenbildnerisch für Schoeck tätig war. So hatte er die „geheimnisvolle Statue" der Venus für die Premiere der gleichnamigen Oper 1922 zu modellieren, die wie sein übriges Opernschaffen im Zeichen eigenwilligen Experimentierens steht. Von Hermann Hubacher stammt auch die nebenstehend wiedergegebene Bleistiftzeichnung (30 × 20 cm), eine Skizze zur 1956 modellierten Büste, die der Bildhauer dem Freund zum achtzigsten Geburtstag dedizierte (Marbach a. N., Schiller-Nationalmuseum, Inv. Nr. 1643/68).

Othmar Schoeck

Arthur Rubinstein

Einer der bedeutendsten in der großen Zahl der Klaviervirtuosen im 20. Jahrhundert, die als umjubelte Stars die Abonnementkonzerte auf den Podien der ganzen Welt bestreiten, war Arthur Rubinstein. Als über Neunzigjähriger war er immer noch von künstlerischer Vitalität beseelt und konnte mithin auf eine über siebzig Jahre währende, international vielbeachtete Konzertlaufbahn zurückblicken, was ihn veranlaßte, 1976 seine ‚Erinnerungen' vorzulegen, in denen er ein fesselndes Bild der kulturellen Verhältnisse bis zum Ende des Ersten Weltkrieges vermittelt. Als am 28. Januar 1887 in Łódź geborener Pole, der 1946 amerikanischer Staatsbürger wurde, setzte er die Reihe bedeutender polnischer Virtuosen fort, deren Erbe er bewußt antrat, als er von Josef Joachim, dem Direktor der Berliner Musikakademie, an der Rubinstein seine Ausbildung zum Pianisten und Komponisten begonnen hatte, zu dem beispiellos verehrten Ignacy Paderewski geschickt wurde. Der Begegnung mit dem „noch jugendlichen Paderewski", dessen „Charme ... ihn so unglaublich strahlend" machte „wie die Sonne", der in Morges (Schweiz) eine „bequeme *pension de famille*" bewohnte, widmet Rubinstein ein ausführliches Kapitel seiner Autobiographie. Er wird darin zum Schilderer pianistischer Vortragsart des ausgehenden 19. Jahrhunderts, von deren „übertriebenem Rubato und immer wieder gebrochenen Akkorden" sich das musikalische Empfinden der neuen Pianistengeneration bereits entfernt hatte, das durch technische Brillanz, Farbigkeit und Klarheit gekennzeichnet war. Durch diese Klangvorstellung fand Rubinstein vor allem als reifer Mann zu denkwürdigen Interpretationen des Klavierwerks von Johannes Brahms, Ludwig van Beethoven, vor allem aber von Frédéric Chopin. In zahlreichen Schallplattenaufnahmen, Rundfunkaufzeichnungen und Filmen ist das Können dieses Mannes über dessen Tod am 20. Dezember 1982 in Genf hinaus immer noch präsent. – Die Porträthinterlassenschaft dieses Mannes ist, abgesehen von den Virtuosenehrungen durch silberne Zigarettenschachteln und Dosen, sehr umfangreich. Ihr sei eine markante und auf zahlreichen Schallplattencovers verwendete Photographie entnommen, die in den USA in den siebziger Jahren entstanden ist (New York, The New York Public Library).

Fritz Jöde

Zu Beginn des 20. Jahrhunderts, aufgerufen durch Leitsätze der Pädagogik, hatte in Deutschland eine Bewegung unter Jugendlichen eingesetzt, die außerhalb von Schule und Elternhaus in sogenannten Bünden leidenschaftlich gegen den engen Lebensraum der bürgerlichen Welt, gegen geltende Normen und die zunehmende Mechanisierung opponierten. Mit der Klampfe (Gitarre) zog man ,,aus grauer Städte Mauern ..." und sang Lieder aus dem am weitesten verbreiteten Wandervogel-Liederbuch, dem ,Zupfgeigenhansl' (1909) des 1918 gefallenen Studenten Hans Breuer. Eine der markantesten Persönlichkeiten, die dieser Bewegung entscheidende Impulse gaben, war neben Walther Hensel der engagierte Volksschullehrer Fritz Jöde, der am 28. August 1887 in Hamburg geboren worden war und dort am 19. Oktober 1970 gestorben ist. Mit dem 1918 erschienenen Sammelband ,Musikalische Jugendkultur' begann nicht nur die große Zahl seiner musikpädagogischen Veröffentlichungen, Liederausgaben (zum Beispiel ,Der Kanon') und Zeitschriften, sondern auch seine emsige eigene pädagogische Tätigkeit. Der damals zentrale ,Kreis'-Gedanke wurde zum Leitbild der ,Offenen Singstunden' (seit 1926) oder der von ihm geleiteten ,Musikantengilde'. Sing- und spielbegeisterte Menschen sollten sich im Kreise zu gemeinsamem Erleben finden, sich bei Festen, Spiel, Gesang und Tanz in Jugendlagern, Jugendburgen und Jugendherbergen alter Volkstradition wieder besinnen. ,,Nur in der Musik geschieht das Wunder, daß wir Schöpfung selbst tief innerlich erleben, und es ist nur eine Frage unserer eigenen schöpferischen Kraft und ihrer Entwicklung, wie stark dies Erleben ist", so schrieb Jöde 1919, als er begann, an einer Reform des Schul- und Privatunterrichts sowie an der Gründung von Volks- und Jugendmusikschulen zu arbeiten. 1947 an die Schulbehörde seiner Heimatstadt berufen, wo er bis 1951 das von ihm gegründete Amt für Jugend- und Schulmusik leitete, war Jöde bis zu seiner Pensionierung an diversen Hochschulen lehrend tätig und leitete bis 1963 das Archiv der Jugendbewegung in Hamburg. – Auf der Gegenseite wird Jöde in zwei Aktionsbildern wiedergegeben, die während einer Bach-Woche in Herzberg bei Aarau, Schweiz, entstanden (Hildegard Jöde, Hamburg).

Nadia Boulanger

Zu jenen Musikerinnen, die in eine traditionsgemäß männliche Domäne einbrachen, gehörte Nadia Julietta Boulanger, als sie gelegentlich ihres ersten Auftretens außerhalb von Frankreich 1938 als erste Frau das *Boston Symphony Orchestra* dirigierte. Wenige Jahre zuvor hatte Arthur Nikisch einigen weiblichen Bewerberinnen an seiner Leipziger Dirigentenschule die Aufnahme verweigert, da sie keine Aussicht hätten, den Dirigentenberuf außerhalb von Mädchen- und Damenorchestern auszuüben. Erst im Laufe des 20. Jahrhunderts gelang es Frauen, sich auf dem Konzertpodium zu etablieren, das sie vordem nicht zuletzt aus ‚moralischen' Gründen nur als Sängerin, Harfenistin, Tänzerin oder Pianistin hatten betreten dürfen. Den Abbau von Vorurteilen, die man etwa gegen Cellistinnen hegte, scheint unter anderem auch das lebensgroße Aktionsbildnis der portugiesischen Cellistin Guilhermina Suggia zu markieren, das Augustus John 1923 von der Künstlerin malte, die sich nach 1912 in London niedergelassen hatte (London, Tate Gallery, Inv. Nr. 4093). Nadia Boulanger wurde am 16. September 1887 in eine Pariser Musikerfamilie geboren, wie ihre Schwester Lili Juliette (1893–1918), die ebenfalls Komponistin wurde. Mit deren Büste ließ sie sich in ihrem Pariser Appartement photographieren. Ihre gründliche Ausbildung erhielt Nadia unter anderem bei Gabriel Fauré am *Conservatoire,* das sie als 2. Rompreisträgerin für die Kantate *‚La sirène'* 1908 verließ. Von 1909 bis 1924 Assistentin der Harmonieklasse des *Conservatoire* und Lehrerin am neugegründeten *Conservatoire Américain* in Fontainebleau, dessen Leiterin sie 1950 wurde, machte sie sich vor allem als Pädagogin einen Namen. Durch ihre Schule gingen zahlreiche namhafte Komponisten der Gegenwart, vor allem amerikanischer Herkunft, da Paris bis zum Ausbruch des Zweiten Weltkriegs bevorzugte Ausbildungsstadt für Amerikaner wurde. Überdies verbrachte Nadia Boulanger die Kriegsjahre in den USA, wo sie an diversen *Colleges* und der *Juilliard School* unterrichtete. In zahlreichen Vortragsreisen trat die Pädagogin nicht nur für die zeitgenössische Musik ein, sondern auch für die Pflege der Musik vergangener Jahrhunderte. Sie starb hochgeehrt am 22. Oktober 1979.

Vaslav Nijinsky

Einer der bedeutendsten Dekorationsmaler und Kostümzeichner der Glanzzeit des russischen Balletts in Paris war Léon Nikolajewitsch Rosenberg genannt Bakst (1866–1924). Ihn hatte Serge Diaghilew mit der Ausstattung zahlreicher Ballettkreationen betraut, die den Künstler zum gefeierten Mittelpunkt der Pariser Gesellschaft werden ließen. Zu einer überaus umstrittenen Kreation wurde seine Gestaltung von Claude Debussys Prélude *,L'Après-midi d'un Faune'* in der Choreographie von Vaslav Nijinsky, die am 29. Mai 1912 ihre Premiere hatte. Der Tänzer, der am 28. Februar 1890 in Kiew geboren worden war und 1907 die kaiserliche Ballettschule Sankt Petersburg verließ, kam am kaiserlichen Opernhaus in Petersburg mit Sergej Diaghilew zusammen, der in ihm wie in vielen anderen jungen Künstlern das überaus begabte Talent zur Innovation erkannte und ihn für seine neugegründete Balletttruppe verpflichtete. An seinen Namen blieb für wenige Jahre der Ruhm des *,Ballet russe'* gebunden, in dem er dem ,klassischen Tänzer' innerhalb des feminisierten Balletts neue Aufgaben und Ausdrucksbereiche gab. Durch die ungewöhnlichen Realisationen der Ballette *,Les Sylphides'* (1909), *,Schéhérezade'* (1910), *,Le Spectre de la Rose'* (1911), *,Petrouchka'* (1912), vor allem aber des Robert-Schumannschen *,Le Carnaval'* und des *,Faune'*, wurde er einer Generation zum Mythos. Nach Nijinskys Heirat mit einer ungarischen Tänzerin 1913 entließ ihn Diaghilew, der den kometenhaften Aufstieg des Tänzers wesentlich vorangetrieben hatte. Maler wie Jacques-Émile Blanche fertigten von dem Tänzer Rollenbildnisse an oder ließen sich wie Auguste Rodin in ihren antikisierenden plastischen Arbeiten von der „physischen Vollkommenheit ... und einer außerordentlichen Fähigkeit, seinen Körper so zu biegen, daß er die verschiedenartigsten Empfindungen wiederzugeben vermag", inspirieren (Rodin). Nebenstehender Programmentwurf zur Premiere des *,Faune'* 1912 stammt von Léon Bakst und ist als Inbegriff von Jugenstil-Plakatkunst vielfach publiziert worden (Wadsworth Atheneum, Hartford, Connecticut, 39,9 × 27,2 cm). Nijinsky fand nach seiner Entlassung keinen Impuls mehr, über den errungenen Ruhm hinauszuwachsen, und fiel in geistige Umnachtung. Am 8. April 1950 starb er in London und wurde in Paris auf dem Friedhof von Montmartre neben August Vestris begraben.

NIJINSKI, dans l'"Après-Midi d'un Faune"
Aquarelle originale de Léon Bakst.

Jacques Ibert

Nebenstehend wiedergegebene lithographierte Bleistiftzeichnung zeigt den geistreichen, humorvollen Komponisten Jacques (François Antoine) Ibert. Das Blatt ist mit ‚Nino' gezeichnet (Paris, Bibliothèque Nationale, Inv. Nr. C 18977). Aus der Feder Iberts stammt eines der wichtigsten und gleichfalls schwierigsten Konzerte für Flöte und Orchester des 20. Jahrhunderts. Es ist dem 1889 geborenen Flötisten Marcel Moyse gewidmet, der neben Louis Fleury (1878–1928) oder Philippe Gaubert (1879–1941), dessen Nachfolge er nach dessen Tod am *Conservatoire* in Paris antrat, zu den weltweit bewunderten Sachwaltern französischer Flötenkunst gehörte. Er führte das *‚Concerto'* erstmals 1933 gemeinsam mit dem Orchester des *Conservatoire* auf, und es dauerte viele Jahre, bis sich auch andere Flötisten an die öffentliche Präsentation des Werkes wagten. Heute zählt es neben einigen weiteren vitalen Kompositionen dieses Komponisten zu den Standardwerken für dieses Instrument. Ibert, der am 15. August 1890 in Paris geboren worden ist und dort am 5. Februar 1962 starb, hatte am Pariser *Conservatoire* bei Paul Vidal Komposition studiert und gewann 1919 den Rompreis. 1937 siedelte er von der französischen Metropole Paris, in der er als erfolgreicher Komponist gewirkt hatte, erneut nach Rom über, als Direktor der *Académie de France,* eine Position, die er bis 1960 ausfüllte. In seinem Werk, das stilistisch vielen Richtungen folgt, bekennt sich Ibert zur Pluralität aller Stilmittel, derer er sich frei und ungebunden bedienen wollte. Er begann mit einer Anzahl humorvoller Opern, in denen er die Ära Jacques Offenbach mit subtilem Humor wieder heraufbeschwören wollte. Zu seinen wichtigsten Werken gehört sein Ballett *‚Le chevalier errant'* (1935), das als choreographiertes Epos in vier Szenen nach Cervantes' *‚Don Quijote'* entstand, auf Anregung des Tänzers und Choreographen Serge Lifar, des Nachfolgers von Serge Diaghilew.

Nino
Jacques Ibert

Frank Martin

Zu den bedeutendsten Komponisten der Schweiz gehört Frank Martin, der 1946 von Genf nach Amsterdam übersiedelte und am 21. November 1974 in Naarden (Holland) starb, wo er ein eigenes Haus erworben hatte. Am 15. September 1890 in Genf als Sohn eines protestantischen Pfarrers geboren, verbrachte er nach seinen Studien die Jahre 1918 bis 1926 in Zürich, Rom und Paris, bevor er nach Genf zurückkehrte, um am Institut von Émile Jaques-Dalcroze bis 1936 als Lehrer für Improvisation zu arbeiten und Kurse über die Theorie des Rhythmus zu halten, ein Problem, das ihn in dieser Zeit seines langsamen Reifens besonders interessierte. Die Begegnung mit der Kompositionstechnik Arnold Schönbergs, die den Prozeß seiner Personalstilsuche entscheidend mitprägte, ließ ihn die Regeln der Zwölftonmusik zwar als ,,Bereicherung des Stils" annehmen, doch verschmolz er sie mit seiner eigenen Vorstellung von Schönheit. ,,In der Musik", so schrieb er in einem seiner Aufsätze, ,,ist Schönheit Gelingen". Das erste Werk, in dem es ihm gelang, seinen außergewöhnlichen Stil vorzustellen, ist das Oratorium *,Le vin herbé'* (,Der Zaubertrank', 1941) für 12 Solostimmen mit der Begleitung von 7 Streichern und Klavier nach Joseph Bédiers Novelle *,Tristan et Iseut'*. Die dichte Setzweise, in der er Zwölfton-Melos mit nicht-funktionellen Dreiklangs-Harmonien in Beziehung setzte, bestimmten fortan seine Kammermusik, virtuosen Orchesterwerke sowie seine Vokalwerke, unter denen das Oratorium ,Golgatha' (1945–1948) neben der Oper ,Der Sturm' (1955) die bedeutendsten sind. Das Oratorium, zu dem er durch die Radierung ,Die drei Kreuze' von Rembrandt inspiriert wurde, ist nach dem Modell der Passionen Johann Sebastian Bachs entstanden, die in seinen frühen Jugendjahren von großer Bedeutung für ihn waren. – Martin, der in einer Photographie aus dem Jahre 1959 vorgestellt sei (Wien, Bildarchiv der Österreichischen Nationalbibliothek, Inv. Nr. 241, 167) hatte von 1950 bis 1957 eine Professur für Komposition am Konservatorium in Köln inne, lebte dann jedoch freischaffend als Dirigent seiner Werke, die er auch in zahlreichen Vorträgen zu kommentieren wußte. Die Essenz seiner Werke legte er in bemerkenswerten Aufsätzen – etwa über das Wort-Ton-Problem – nieder.

Bohuslav Martinů

Nebenstehend reproduzierte Tuschzeichnung von Adolf Hoffmeister gibt den tschechischen Komponisten Bohuslav Martinů und dessen Librettisten Georges Ribemont-Dessaignes leicht karikiert wieder, die sich um 1926 in Paris angefreundet hatten. Die Zeichnung entstand im Jahre 1928, in jenem Jahr, in dem ihre gemeinsame Jazzoper ‚Die Tränen des Messers' entstand, eine Oper, die ob ihres extravaganten Sujets und phantastischen Inhalts an keinem Theater aufgeführt werden konnte, so daß Martinů das Stück zu einer ‚Jazzsuite' umarbeitete', die sehr erfolgreich wurde. Für Martinů, der am 8. Dezember 1890 in Policka geboren worden war, seine kompositorische Ausbildung sporadisch am Prager Konservatorium erhielt und während des Ersten Weltkriegs seinen Unterhalt als privater Geigen- und Klavierlehrer verdiente, war wie für viele tschechische Komponisten vor ihm Paris die Metropole, an der er sich zu orientieren trachtete. 1923 wechselte er in die französische Hauptstadt über, um bei Albert Roussel zu studieren, und lebte hier als freischaffender Komponist bis 1940. Tief beeindruckt vom Schaffen Strawinskys, in dessen Musik er „etwas vom modernen Menschen" sah, umgesetzt in „Klarheit, Ordnung und Ökonomie", schuf Martinů als Reaktion auf das erste Pariser Jahr sein Orchesterrondo *‚Half-Time'*, das die gespannte Erregung einer Menschenmenge, die auf das Ergebnis eines Fußballmatchs wartet, zum Vorwurf hat und damit zu einem Wendepunkt in seinem Schaffen wurde. Alles, was diesem Rondo voranging, erklärte der Komponist später für belanglos. Da einige Werke Martinůs spontan und unerwartet entstanden und Zäsuren in seinem Schaffen bilden, sind sie für die Entwicklung seines Personalstils entscheidend, so sein dem Neoklassizismus verbundenes Doppelkonzert für zwei Streichorchester, Klavier und Schlagzeug (1938) oder sein sinfonisches *‚Memorial to Lidice'* (1943). Martinů mußte 1940 Paris verlassen und flüchtete in die USA, wo er als Lehrer und Komponist sehr gefragt war. Seine zahlreichen Werke wurden von einflußreichen Dirigenten, etwa Ernest Ansermet, Serge Kussewitzky oder Paul Sacher, mit dem er befreundet war, gefördert und erreichten besonders in den USA große Popularität. Der Komponist starb am 28. August 1959 in Liestal bei Basel.

Sergej Prokofieff

,,Die Luft in der Fremde kann mich nicht inspirieren, weil ich Russe bin und nichts für einen Menschen schädlicher sein kann als das Leben im Exil, in einem geistigen Klima, das seiner Wesensart nicht entspricht." So begründete Sergej Sergejewitsch Prokofieff seine Rückkehr nach Rußland im Herbst 1934. Sechzehn Jahre hatte er in den USA, Deutschland und Frankreich verbracht, wohin er Sergej Diaghilew gefolgt war, der ihn zu drei Ballettmusiken angeregt hatte. In der Umgebung dieses einflußreichen Mannes lernte er nicht nur Musiker wie seinen Landsmann Igor Strawinsky kennen, sondern auch zahlreiche Maler, die bisweilen in hohem Abstraktionsgrad eine Identität zwischen Prokofieffs markantem Äußeren und dessen perkussiver Motorik darzustellen suchten. Die Porträtüberlieferung dieses Komponisten, bis hin zu jenem lässigen Gemälde von Pjotr Kontschalowski aus dem Jahre 1934, ist sehr vielschichtig. Kontschalowski malte das Bild auf seinem Sommersitz, wohin er den Komponisten eingeladen hatte, der den Sommer über ununterbrochen an der Suite ,Leutnant Kiske' gearbeitet hatte. In fünfzehn Sitzungen entstand das Porträt, das Prokofieff sehr liebte, weil es die elitäre Attitüde des weitgereisten Mannes festhält, von der er sich jedoch unter dem Druck der Forderungen des ,sozialistischen Realismus' innerlich distanzieren mußte. Zur Anpassung aufgefordert, bekannte er 1948: ,,Ich selbst bin, wie man so sagt, nicht frei von der Sünde, in meinem Schaffen unter dem Einfluß gewisser westlicher Strömungen formalistische Fehler gemacht zu haben. Ich werde nach einer klaren musikalischen Sprache suchen, die meinem Volke verständlich und lieb ist." Zu Welterfolgen wurden seine phantastisch-bunte Märchenoper ,Die Liebe zu den drei Orangen' (1921), die *,Symphonie Classique'* op. 25, das symphonische Märchen für Kinder ,Peter und der Wolf' op. 67 oder seine hochvirtuosen Klavierkonzerte, während namentlich aus dem späten Bühnenschaffen nur weniges in den Westen drang. – Prokofieff, der am 11. (23.) April 1891 auf dem Gut Sonzowka im Gouvernement Jekaterinoslaw geboren worden war und am 5. März 1953 in Moskau gestorben ist, sei hier in einer Photographie wiedergegeben, die ihn am Komponiertisch zeigt (Wien, Bildarchiv der Österreichischen Nationalbibliothek, Inv. Nr. 8689).

Arthur Honegger

,,Was mir an unserer Zeit auffällt, ist die Hast ihrer Reaktionen, der Verschleiß an Arbeitsmethoden. Es hat von Monteverdi zu Schönberg Jahrhunderte gebraucht, bis man zur freien Verwendung der zwölf Töne kam ... Wir alle stehen vor einer Mauer, die, aus allem nach und nach angehäuften Material geworden, nun vor uns aufragt und in der jeder, seiner eigenen Eingebung folgend, einen Durchschlupf sucht ... Der Verfall lauert ... Unsere Kunst verläßt uns ... Je weiter ich schreite, desto mehr erkenne ich, wie sie [die Musik] von ihrer Bestimmung sich löst: von dem Zauber, dem Wunder, von jener Feierlichkeit, welche die künstlerische Offenbarung umgeben muß." Von diesen resignativen Gedanken war das Leben Arthur Honeggers in seinen späteren Jahren bestimmt, während er anfangs vom sportiven aktiven Lebensgefühl des technischen Zeitalters inspiriert gewesen war und zu weitbekannt gewordenen Kompositionen wie der Charakteristik einer Schnellzugslokomotive ‚*Pacific 231*' (1923) gefunden hatte. Honegger, der am 10. März 1892 in Le Havre geboren wurde, ließ sich 1913 nach seinem Studium am Konservatorium Zürich in Paris nieder, wo er am 27. November 1955 starb. Er befreundete sich mit Malern, Dichtern und Musikern und trachtete eine Musik zu schreiben, ,,die für die große Masse der Hörer verständlich und doch vom Banalen so weit frei wäre, daß sie auch noch die wirklichen Musikfreunde zu fesseln vermöchte". Sein Werk ist daher durch große Vielfalt und gelegentliche Kühnheit der musikalischen Sprache gekennzeichnet, dort, wo es um dramatische Affekte, menschliche Tragödien und Not ging, etwa in seinen Werken ‚König David' oder ‚Johanna auf dem Scheiterhaufen' nach Paul Claudel. Obwohl sich Honegger aus Freundschaft zu Erik Satie der ‚*Groupe des Six*' angeschlossen hatte, blieb er zeit seines Lebens sowohl als freischaffender Komponist als auch als unerschrockener Musikkritiker unabhängig und konnte sich unbefangen allen Gattungen widmen, selbst der Film- und Rundfunkmusik, wiewohl der ,,Ernst und die Strenge" der ,,reinen Sinfonik" besonders sein Spätwerk bestimmt, etwa die ‚*Suite archaique*'. – Honegger, der besonders während des Zweiten Weltkriegs schriftstellerisch tätig war, sei hier in einem skizzenhaften derben Ölporträt von Lilly Steiner von 1941 vorgestellt (Foto: Bibliothèque Nationale, Paris, Inv. Nr. C 3791).

Darius Milhaud

Darius Milhaud, der am 4. September 1892 in Aix-en-Provence geboren worden ist und am 22. Juni 1974 in Genf nach einem überaus schaffensreichen Leben starb, war sich seiner Exzeptionalität als betonter Provencale bewußt, als er seine Autobiographie *‚Notes sans Musique'* 1949 mit den Worten begann: „Dieses Buch kann vielleicht dazu beitragen, Licht auf gewisse Aspekte der Musikgeschichte der letzten fünfunddreißig Jahre zu werfen." Nicht nur verbrachte er die Jahre 1917 und 1918 als Kulturattaché des damaligen französischen Botschafters Paul Claudel, mit dem ihn auch künstlerische Interessen verbanden, in Rio de Janeiro, er war auch mit zahlreichen anderen bedeutenden zeitgenössischen Künstlern freundschaftlich verbunden. Nach Paris zurückgekehrt, hatte er sich der *‚Groupe des Six'* angeschlossen, deren Forderung nach einer „Musik für alle Tage" (Jean Cocteau) er in vielen Werken mit leichter Faßlichkeit und schlagerartigem Zuschnitt nachzukommen verstand. Ein Muster dafür war die Ballettfarce *‚Le Bœuf sur le Toit'* (1920), ursprünglich eine Orchesterfantasie, deren Titel auf ein populäres brasilianisches Lied verwies, in welcher Milhaud die Erinnerungen an Brasilien – Tangos, Maxixes, Sambas und den portugiesischen Fado – niederschrieb. In den Augen der Kritik wurde er durch das von Raoul Dufy ausgestattete Ballett zum „Clown und Jahrmarktmusiker" gestempelt, der er keineswegs ausschließlich zu sein beabsichtigte, wie seine zum visionären Welttheater unter erstmaliger Einbeziehung des Mediums Film stilisierte Oper *‚Christophe Colomb'* (Berlin 1930) beweist. In dieser Oper nach einer Dichtung von Paul Claudel suchte er sich den Stofftypen mittelalterlicher Mysterienspiele anzunähern. Milhaud mußte unter dem Druck des Zweiten Weltkriegs 1940 Frankreich verlassen und lehrte bis 1947 am *Mills College* in Oakland (Kalifornien). 1947 ernannte ihn das Pariser *Conservatoire* zum Professor für Komposition, so daß er zwischen Paris und Kalifornien pendelte. – Die Porträthinterlassenschaft Milhauds ist sehr vielfältig und umfaßt sowohl Familienbildnisse wie jenes des spanischen Malers Pedro Pruna, Gruppenbildnisse (siehe *‚Les Six'*) als auch Repräsentativbildnisse. Gewählt sei hier ein Selbstporträt des Musikers, das er nach seiner Ankunft in den USA, am Beginn eines neuen Lebensabschnitts, zeichnete (New York, The Betman Archives).

Paul Dessau

Bertolt Brechts (1898–1956) gesellschaftskritisches ,,episches Theater", das zur Erreichung des für ihn typischen ,,Verfremdungseffektes" auf die herkömmliche Ausstattungsillusion verzichtete, war essentiell auf die Musik angewiesen und wurde für viele Komponisten, die in den zwanziger Jahren Theater- und Musikfunktionen neu durchdachten, zum gesuchten Bezugspunkt. Zu den ständigen komponierenden Mitarbeitern Brechts gehörten Paul Dessau, Hanns Eisler und Kurt Weill. Bevor Paul Dessau, der am 19. Dezember 1894 in Hamburg geboren worden war, den Schriftsteller im New Yorker Exil 1942 kennenlernte, hatte er bis zur Machtübernahme Adolf Hitlers diverse Korrepetitions- und Kapellmeisterämter in Hamburg, Köln, Mainz und Berlin inne und unter dem Eindruck des Ersten Weltkrieges sogenannte ,Lehrstücke' geschrieben, die für Kinder bestimmt waren. Sie sollten politische Einsichten vertiefen und waren in der Zeit einer ,,neusachlichen Auffassung" als unsentimentale ,Zeitstücke' die angemessene Form des Musiktheaters. Sie bildeten den Ausgangspunkt für Dessaus politisches Engagement während der Jahre im Pariser Exil. Nicht nur entstand das Klavierstück *,Guernica'*, das expressiv jenes von Pablo Picasso gemalte anklagende Bild von der Verwüstung des baskischen Städtchens Guernica in Musik umsetzt, sondern auch die erste Brecht-Vertonung ,Kampflied der schwarzen Strohhüte' (1936), die zur engeren Beziehung zwischen Brecht und Dessau in den USA anregte. Neben gemeinsamen Liedern, die sich mit Deutschlands Schicksal befassen, entstand nach Plänen von Dessau das ,Deutsche Miserere', dessen Kern aus Bildkommentaren zu Kriegsbildern besteht. Streng an Brechts Vorstellungen orientiert ist – durch Ausdruckskontrast – die Musik zu dessen ,Chronik aus dem Dreißigjährigen Krieg: Mutter Courage und ihre Kinder'. 1948 kehrte Dessau in den Ostteil Berlins zurück, wo er die Zusammenarbeit mit Brecht fortsetzte, die in den gemeinsamen Opern ,Die Verurteilung des Lukullus' und ,Puntila' gipfelte. Er wurde mehrmals mit dem Nationalpreis der DDR ausgezeichnet; sein Werk galt bis zu seinem Tode am 28. Juni 1979 als ,,Synthese von revolutionärem Realismus" mit dem Grundgestus des Appells. – Auf einer Photographie sind beide Künstler, Brecht und Dessau, letzterer am Klavier sitzend, vereint (Berlin, Archiv für Kunst und Geschichte, Inv. Nr. I 20519 C/2).

Carl Orff

Kaum ein Komponist hat so vehement sein Frühwerk verworfen oder mehrmaligen Änderungen unterzogen wie Carl Orff, der die Reihe seiner Werke erst mit den Liedern der Benediktbeurener Handschrift des 13. Jahrhunderts ‚Carmina Burana' (1937) begonnen wissen wollte. An diesem Punkt seiner Entwicklung – er war am 10. Juli 1895 in München geboren worden – hatte er die Grundlage seines am vitalen „elementaren Klangereignis" orientierten Personalstils gefunden. Die „Regeneration der Musik von der Bewegung, vom Tanz her" (Orff) gehörte zu den Hauptzielen seines Schaffens. Es wurde angeregt und befruchtet durch die neuen Aktivitäten im Ausdruckstanz, der seit dem ersten Auftreten der Schülerin von Rudolf von Laban und Émile Jaques-Dalcroze, Mary Wigman, im Jahre 1919 vielen Künstlern neue Impulse zu geben vermochte. Auf der Grundlage der Reprimitivierung der musikalischen Mittel versuchte er nicht nur gemeinsam mit Dorothee Günther und Gunhild Keetmann ein neues Konzept zur musikalischen Erziehung von Kindern vorzulegen, das in seinem in viele Sprachen übersetztem ‚Orff-Schulwerk' (1930–1935, Neufassung 1950–1954) gipfelt und an vielen Jugendmusikschulen inner- und außerhalb Europas praktiziert wird, ihm gelang es auch, dem musikalischen Theater neue Impulse zu geben. Gemeinsam mit dem Altphilologen Wolfgang Schadewaldt bemühte er sich um die Revitalisierung antiker Dramen aus dem Geiste melodramatischer Textdeklamation mit syllabischer und Eintonrezitation sowie um eine auf Reduktion bedachte Melismatik, die seit der Sophokles-Hölderlin-Vertonung des ‚Oedipus der Tyrann' (1959) an die Grenzen der Musik als ‚Ton-Kunst' rührt. „Die Bänkelsänger-Ironie des Treueliedes aus der ‚Klugen' (1941/1942), die Puccini-Travestie und das C-Dur aus dem ‚Mond' (1937/1938) liegen weit zurück" (Josef Häusler), auch wenn Orff bis ins hohe Alter seine aus dem Klima bajuwarischer Derbheit und Plastizität gespeiste ‚Bernauerin' (1944/1945) deklamierte und spielte. – In dieser Rolle sei er, der stets ein Einzelgänger geblieben ist, durch zwei Photographien dokumentiert, die ihn als Deklamator der ‚Bernauerin' am 15. Juni 1972 im Cuvilliés-Theater zu München zeigen (Hildegard Steinmetz, München). Carl Orff starb am 29. März 1982 in München.

Paul Hindemith

Als Paul Hindemith am 28. Dezember 1963 in Frankfurt a. M. starb, gehörte er bereits nicht mehr der Avantgarde an. Die Jugendbewegung, die ihn als einen der wenigen namhaften Komponisten für kurze Zeit gewinnen konnte und seine Affinität zum ‚Spielmännischen' herausgefordert hatte, lag ebenso lange Zeit zurück wie der buchstäbliche ‚Bürgerschreck', den man nach seiner Suite ‚1922' in ihm sehen wollte. Auf einem an Stationen reichen Weg wurde Hindemith zum gefeierten Dirigenten mit der vollendeten Attitüde des Maestro, der auf ein Werk zurückblicken konnte, das antitraditionalistisch begonnen hatte. Die ‚Anti-Opern' wie die erste Fassung des ‚Cardillac' oder des leichtgewichtigen ‚Sketch mit Musik' ‚Hin und zurück' bilden den Ausgangspunkt für die spätere Suche nach einer theologisch wie musikalisch zu fundierenden heilen Welt, wie sie sich im Künstlerdrama ‚Mathis der Maler' oder in ‚Die Harmonie der Welt' manifestiert. Hindemith ist am 16. November 1895 in Hanau geboren worden und gehört zu denjenigen Komponisten, deren internationale Resonanz mit den Uraufführungen während der Donaueschinger Kammermusikaufführungen, die seit 1921 unter der Schirmherrschaft des Fürsten Max Egon zu Fürstenberg stattfanden, begann. 1927 wurde er als Kompositionslehrer an die Berliner Hochschule für Musik berufen und war nach der Machtübernahme durch die Nationalsozialisten wütendsten Angriffen ausgesetzt, so daß er 1938 zunächst nach Zürich in die Emigration ging. Aus den USA kehrte er 1951 nach Zürich zurück und fand zu jenem traditionsbezogenen Sendungsbewußtsein vor allem in seinem literarischen Werk (etwa ‚Komponist in seiner Welt', 1959), das ihn in immer größeren Gegensatz zu aktuellen Entwicklungstendenzen treten ließ. In Hindemiths Porträthinterlassenschaft spiegeln sich alle diese Stationen wider. Er selbst griff häufig zum Zeichenstift und umgab sich mit hintergründig-skurrilen Zeichnungen, mit denen er auch die Wände seines Schweizer Hauses bemalte. Sie und die zahlreichen *‚cadavres exquis'* geben nicht selten seinem Hang zu derbem Humor oder zur Selbstironisierung Ausdruck, wobei stets die Darstellung des Löwen, in dessen Tierkreiszeichen Hindemiths Frau geboren war, wiederkehrt. Mit einem Motiv aus dem 1963 uraufgeführten *‚Concerto for Organ and Orchestra'* schmückte der Komponist den letzten Weihnachtsgruß an seine Freunde (Blonay, La Chance).

1963
Fröhliche
Weihnacht
und ein
glückliches
Neujahr
1964
Paul und
Gertrud
Hindemith
1963
Merry
Christmas
and a
happy
New Year
1964
P.H. Orgel-Konzert

Heinrich Strobel

Seit der Jahrhundertwende, da die Musikpraxis zunehmend beim traditionellen Repertoire aus dem 18. und 19. Jahrhundert verblieb und nicht mehr, wie in den voraufgegangenen Jahrhunderten, primär die Realisierung zeitgenössischer Musik bewerkstelligte, kommt den Musikkritikern eine andere Funktion zu als vordem. Ihre Aufgabe besteht nicht mehr ausschließlich in der Vermittlung von Novitäten, über die mit mehr oder weniger Parteinahme berichtet wird. Nur wenige Musikkritiker stehen weiterhin hinter den Komponisten ihrer Zeit und begeben sich damit häufig in Opposition zur Mehrheit und zum geltenden Markt. In Berlin, das nach Eduard Hanslicks Rücktritt 1895 zum europäischen Zentrum der Musikkritik geworden war, hatte Wilhelm Tappert (1830–1907) dem Musikjournalismus eine neue Richtung gewiesen. Ihr schlossen sich unter anderen Oskar Bie, Alfred Einstein, Heinrich Strobel oder in Frankfurt Paul Bekker an, die zu den unbestechlichen Beobachtern der Kämpfe für und wider die ‚Neue Musik' wurden. Strobel, der am 31. Mai 1898 in Regensburg geboren wurde und nach seinen Studien der Musikwissenschaft von 1927 bis 1933 am ‚Berliner Börsenkurier', später am ‚Berliner Tageblatt' seine überaus aktive Laufbahn begann, war nicht nur der richtunggebende Schriftleiter und Chefredakteur der Zeitschrift für neue Musik *‚MELOS'*, deren Inhalt er über Jahrzehnte bestimmte, sondern auch aktiver Förderer zahlreicher Komponisten. Seit 1950 gab er den Donaueschinger Musiktagen in der „einzigen Stadt der ganzen Welt, die sich einer kontinuierlichen Tradition der neuen Musik rühmen kann", ein Profil, an dem sich „die gesamte Entwicklung der modernen Musik" (Strobel) ablesen läßt. Als Leiter der Musikabteilung des Südwestfunks Baden-Baden sowie als Präsident der ‚Internationalen Gesellschaft für Neue Musik' gehörte er bis zu seinem Tode am 18. August 1970 in Baden-Baden zu den einflußreichsten Protagonisten der Moderne. In zahlreichen Aufsätzen und selbständigen Publikationen, legte er Bekenntnisse zur jungen Generation ab. – Außer zahlreichen Photographien, die Strobel in Gesellschaft nahezu aller führenden Komponisten seiner Wirkungszeit zeigen, existiert von ihm auch nebenstehendes Porträtfoto (Baden-Baden, Bildarchiv des Südwestfunks).

Hanns Eisler

„Ich habe oft bemerkt, wie das Singen und Hören Eislerscher Kompositionen weniger mimische (Ausdrucks-)Wirkungen hervorruft als ganz bestimmte Haltungen. Das ist wichtig. Die Gesamthaltung ist revolutionär im höchsten Sinn ... In sein Werk eintretend, übergebt Ihr Euch den Antrieben und Aussichten einer neuen Welt, die sich eben bildet." Dieses Geleitwort aus der Feder Bertolt Brechts ging dem ersten Band der Lieder und Kantaten von Hanns Eisler (Leipzig 1955) voraus und charakterisiert einen Mann, der sich seit seiner Jugend bemüht hatte, „eine Musik zu schreiben, die dem Sozialismus nützt" (1951). Sein ‚Solidaritätslied' aus dem Arbeiterfilm ‚Kuhle Wampe' nach dem Text von Brecht oder das ‚Lied der Werktätigen' gehören zum Grundbestand der Arbeiterlieder. Eisler ist am 6. Juli 1898 in Leipzig geboren worden und wurde für kurze Zeit der Schüler Arnold Schönbergs in Wien, dessen Meisterklasse er 1923 beendete, um sich – unter der Mißbilligung Schönbergs – der Berliner Arbeiterbewegung anzuschließen, der er Arbeiterchöre, Lieder, Kantaten, Klavier- und Orchesterlieder widmete. Seiner Überzeugung entsprach es, nach neuen Methoden im „Tageskampf der revolutionären Arbeiter gegen die Bourgeoisie" zu suchen (1931). Der kommunistischen Partei angehörig, mußte er 1933 Deutschland verlassen und begab sich in eine fünfzehnjährige Emigration, während der er über Holland, Belgien, Frankreich und Spanien in die USA kam. Dort arbeitete er längere Zeit in Hollywood für die Filmindustrie. Bereits 1929 hatte die Freundschaft und Arbeit mit Brecht begonnen, die in der Emigration mit der ‚Deutschen Sinfonie' (Uraufführung 1959) fortgesetzt wurde, einem elfteiligen ‚Lehrstück' und den Bühnenmusiken zu dessen ‚Furcht und Elend des Dritten Reiches' sowie zu ‚Galileo Galilei'. 1948 kehrte Eisler über Prag und Wien nach Europa zurück und siedelte sich 1950 in Berlin an, wo er Mitglied der Deutschen Akademie der Künste und Nationalpreisträger der DDR wurde, deren Nationalhymne er komponierte. Eisler starb am 6. September 1962 in Berlin. – Das ‚Bildnis des Vaters' malte der Sohn Georg Eisler im Todesjahr des Komponisten. Es ist ein dunkelgetöntes, schemenhaftes, introvertiertes Bildnis, in dem Skepsis vor revolutionär siegessicherer Attitüde überwiegen (Wien, Museum des 20. Jahrhunderts, Inv. Nr. 7718/38, 131 × 186 cm).

Francis Poulenc

Francis Jean Marcel Poulenc, dem sein Vater, ein wohlhabender Kaufmann, die gründliche Ausbildung zum Musiker verweigerte, konnte als begabter Pianist, unbelastet von Doktrinen und den Kenntnissen der Musiktheorie, mit der Musik umgehen. Bereits zu Beginn seiner Karriere gehörte er zu dem Freundeskreis der ‚*Six*‘, lenkte durch die ‚*Mouvements perpétuels*‘ für Klavier (1918) die Aufmerksamkeit Igor Strawinskys auf sich und geriet rasch in die aufregende Umgebung um Diaghilew. 1924 kam sein Ballett ‚*Les Biches*‘ im *Théâtre de Monte Carlo* zur Uraufführung, in der Ausstattung der Malerin Marie Laurencin und der Choreographie der Schwester des legendären Nijinsky, Bronislawa Nijinska, die mit diesem vitalen Ballett ihre Arbeit beim *Grand Ballet de Monte Carlo* begann und schließlich die künstlerische Leiterin dieses Ensembles wurde. Poulenc kehrte nach diesem ersten großen Erfolg noch zweimal zu dieser Kunstform zurück, in der er wie in seinen Zirkus- und Filmmusiken seinen Esprit dokumentierte, widmete sich jedoch als Begleiter des Baritons Pierre Bernac mit Vertonungen von Gedichten Apollinaires oder Paul Éluards vor allem dem Lied. Seine Liederzyklen ‚*Le Bal masque*‘ (1932), ‚*Le Travail du peintre*‘ (1956) nach sieben Impressionen zeitgenössischer Maler oder ‚*Banalités*‘ (1940) erfuhren durch die Interpretation Bernacs vielbeachtete Aufführungen und verdeutlichen die Ambivalenz Poulencs, der in den Texten Apollinaires „zur gleichen Zeit Melancholie und Fröhlichkeit“ fand. Derzeit werden seine Opern ‚*Les Mamelles de Tirésias*‘ (1947) oder der Einakter ‚*La voix humaine*‘ (1959) nur noch selten aufgeführt, während seine rhythmisch prägnanten Klavier- oder Bläsermusiken immer noch sehr populär sind. Poulenc ist am 7. Januar 1899 in Paris geboren worden und starb dort am 30. Januar 1963. Er, der vielfach karikaturistisch dargestellt wurde, sei in einer Photographie wiedergegeben, die ihn vor seinem Schloß in der Provence zeigt (Wien, Bildarchiv der Österreichischen Nationalbibliothek, Inv. Nr. 13, 367: E (1)).

Les Six

,,Nach einem Konzert in der *Salle Huygens* im Jahre 1919, in dem Bertin die ,*Images à Crusoë*' von Louis Durey nach Worten von Saint-Léger sang und das Capelle-Quartett mein Viertes Quartett spielte, veröffentlichte der Kritiker Henri Collet in der ,*Comoedia*' einen Bericht mit dem Titel ,Fünf Russen und Sechs Franzosen'. Ganz willkürlich hatte er sechs Namen ausgewählt: Auric, Durey, Honegger, Poulenc, Taillefaire und meinen, nur weil wir einander kannten, befreundet waren und in denselben Konzerten aufgeführt wurden – ohne jede Rücksicht auf unsere verschiedenen Temperamente und völlig unähnlichen Charaktere. Auric und Poulenc waren Verfechter der Ideen Cocteaus, Honegger kam von den deutschen Romantikern her und ich vom mittelmeerischen Lyrismus. Ich war grundsätzlich gegen die gemeinsame Erklärung über ästhetische Doltrinen und empfand sie als eine Behinderung, eine unvernünftige Beschränkung der Phantasie der Künstler ... Doch es war sinnlos zu protestieren. Collets Artikel fand so weltweites Interesse, daß die ,Gruppe der Sechs' gegründet war und ich wohl oder übel einen Teil davon bildete." So schreibt Darius Milhaud (1892–1974) über die Gründung der Komponistengruppe 1918 in seiner Autobiographie, die er ,*Notes sans musique*' überschrieb. Er gibt darin ein lebendiges Bild von den mehrere Jahre währenden regelmäßigen Treffen der Gruppe, zu der auch Maler und Schriftsteller gehörten: ,,Die Dichter pflegten ihre Gedichte vorzulesen und wir spielten unsere letzten Kompositionen. Einige davon, etwa Aurics ,*Adieu New York*', Poulencs ,*Cocardes*' und mein ,*Boef sur le toit*' wurden immer wieder gespielt ..." Der fruchtbaren Zusammenarbeit entstammen einige gemeinsame Werke, die sich deutlich am Ton der ,*Music-Halls*' oder des Circus orientierten und schließlich in Experimenten mündeten, die Eric Satie mit ,,*musique d'ameublement*" ,,Hintergrundsmusik" (1919) bezeichnete. ,,Genug der Wolken, Wellen, Aquarien, Nymphen und des nächtlichen Parfums. Wir brauchen eine Musik, die auf der Erde ist – eine Tages-Musik" das hatte das literarische Vorbild, Jean Cocteau, in dessen Schrift ,*Le coq et l'arlequin*' bereits 1918 gefordert. Wenn sich Experimente wie das der allgegenwärtigen ,*musique d'ameublement*' auch nicht häufig wiederholten und zum wichtigsten gemeinsamen Ereignis der Gruppe die Uraufführung des kollektiv entstandenen Ballets ,*Les Mariés de la Tour Eiffel*' (1921) gehörte, so

war ihr Auftreten im Kulturleben von Paris jedoch so populär wie exzeptionell, daß sie von vielen Malern, Zeichnern und Karikaturisten festgehalten wurde, (etwa von Jean Oberlé oder Pedro Pruna). Jacques-Émile Blanche gehörte zu den prominenten Porträtisten von Paris, der zu den ehrgeizigsten Schilderern großer Ereignisse in Paris wurde. Bereits um 1918 malte er das großformatige traditionelle Gruppenbild der *‚Six'*. Um die beiden zentralen Ausführenden, die Pianistin Marcelle Meyer (im Vordergrund) und den Pianisten Jean Wiener (im Hintergrund), der in der Bar *‚Gaya'*, die zum *‚Boeuf sur le Toit'* umbenannt wurde, das Klavier spielte, in der viele der Treffen der *‚Six'* stattfanden, gruppieren sich die sechs Komponisten: Germaine Tailleferre, Darius Milhaud, Arthur Honegger, Francis Poulenc, Georges Auric und Louis Durey, der sich nach der Auflösung der Gruppe 1948 den Forderungen des in Prag diktierten kommunistischen Manifestes anschloß (Rouen Musée). Der revolutionäre Wortführer der Gruppe, Jean Cocteau, der auch in den Jahren, nachdem sich die allzu verschiedenen Komponisten getrennt hatten, der Librettist sowohl Milhauds als auch Honeggers blieb, ist nicht auf dem Bild verewigt. Georges Auric, der am 15. Februar 1899 in Lodève geboren worden ist und zu den erbittertsten Gegnern der Musik des vergangenen Jahrhunderts gehörte, sei zudem in der singulären, plakativen Porträtmanier Joan Mirós abgebildet. Hatte Blanche den Komponisten noch in das Gruppenbild nach Art des 19. Jahrhunderts integriert, so gerinnt sein Kopf in Mirós 1929 entstandenem Porträt zu einer Parabel, die für den Maler in den Jahren seit 1928 typisch ist. Das Bildnis möge die Spannung verdeutlichen, in der sich die Pariser Avantgarde binnen weniger Jahre befand (Teerpappe, Kreide und Bleistift auf Pappe, Kunsthaus Zürich, Inv. Nr. 1976/8, 110 × 75 cm).

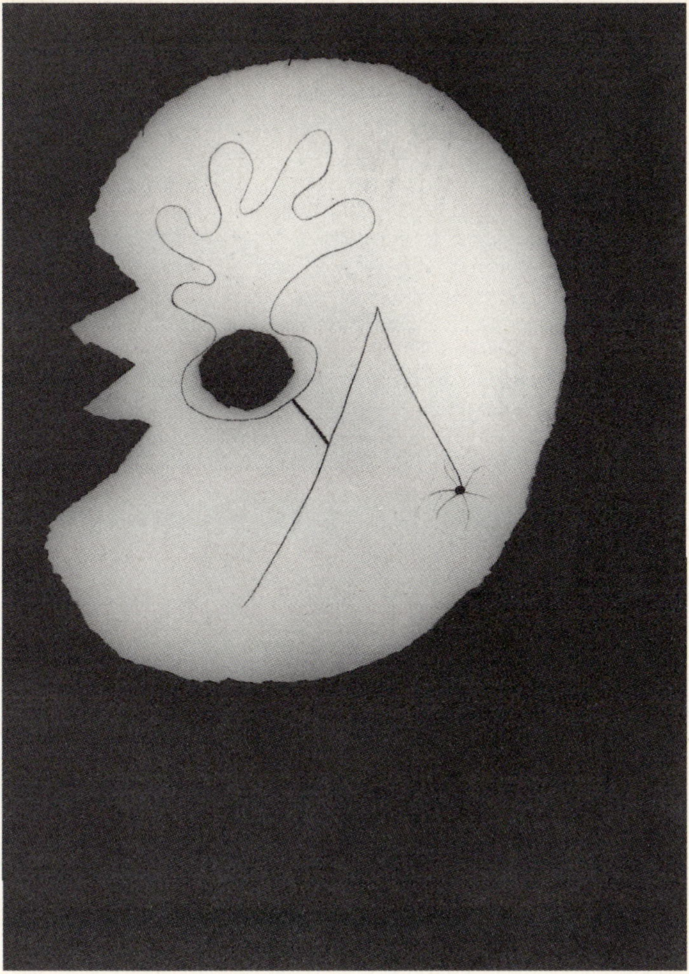

Kurt Weill

Bereits von 1927 an arbeitete Kurt Weill mit Bertolt Brecht zusammen, der wie kaum ein anderer zeitgenössischer Komponist sein Schaffen in den Dienst der Opernreform gestellt hat. In seinem Aufsatz ,Über die zeitgemäße Weiterentwicklung der Oper' wich er 1927 von seiner früheren Forderung nach der ,,restlosen" Verschmelzung aller Ausdrucksmittel der Bühne mit denen der Musik ab und begann die ,,epische Haltung des musikalischen Bühnenwerkes" zu erkennen. Die antikulinarisch gemeinten Werke ,Dreigroschenoper' oder ,Aufstieg und Fall der Stadt Mahagonny' erwirkten mit den Songs der Gangster- und Bordellsphäre sowohl Skandale als auch mit dem Brecht-Ensemble – Lotte Lenia, Erich Ponto und Roma Bahn – größte Erfolge. Die von Brecht zum Lehrstück umfunktionierte *,Beggar's Opera'*, die schon 1728 von Johann Christoph Pepusch gegen die schablonisierte *,Opera seria'* komponiert worden war, erlebte als ,Dreigroschenoper' mit den provokanten Klängen Weillscher Musik, deren Wurzeln in Moritat, Strophen- und Dienstmädchenlied der Hinterhöfe liegen, eine signifikante Widerspiegelung der unruhevollen zwanziger Jahre in Berlin. Weill ist am 2. März 1900 in Dessau geboren worden und wirkte nach seinem Studium an der Hochschule für Musik in Berlin als Korrepetitor am Dessauer Theater, später als Musikdirektor der Oper in Lüdenscheid. 1928 heiratete er die Schauspielerin Lotte Lenia und verließ Deutschland 1933, um in den USA eine neue Existenz zu gründen. Dort gelang es ihm, Themen wie Politik, Psychoanalyse, Antimilitarismus oder Religion in Broadway-Musicals zu integrieren. Die Schuloper *,Down in the Valley'* (1948), die für die halbprofessionellen *opera workshops* geschrieben wurde, konnte zum Modell für zahllose ähnliche Werke werden, auch wenn die amerikanischen Werke erhebliche Verflachung erlitten. Die unmittelbare Anziehungskraft der früheren Kompositionen bedurften der einmaligen Konstellation und Zeitgebundenheit der Berliner Jahre. Weill starb am 3. April 1950 in New York. – Das nebenstehende Foto zeigt das Ehepaar Kurt Weill und Lotte Lenia in der Premiere der ,Dreigroschenoper' am 31. August 1928 in Berlin (Berlin, Archiv für Kunst und Geschichte, Inv. Nr. I US 130 C/1).

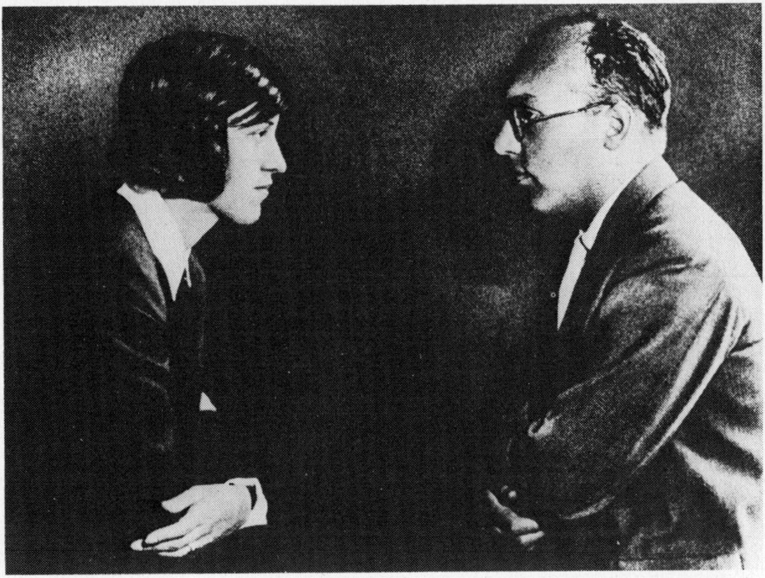

Hans Erich Apostel

Das Ölporträt auf der Gegenseite spiegelt das „mystisch dem Dunkel zugekehrte Weltverständnis" (Rainer Bischof) des Komponisten Hans Erich Apostel wider. Es wurde am 8. Februar 1935 von dem mit ihm wie mit Alban Berg befreundeten Schweizer Maler Franz Rederer fertiggestellt und Alban Berg gewidmet (Wien, Privatbesitz, 60 × 90 cm). Aus Karlsruhe stammend, wo er am 22. Januar 1901 geboren worden war, kam Apostel als bereits ausgebildeter Theaterpraktiker nach Wien, um sich den Mödlinger Künstlern um Arnold Schönberg und Alban Berg anzuschließen, deren Schüler er wurde. Apostel konnte jedoch trotz seines Anspruchs, eine intellektuell aussagekräftige, „aus klarer Konzeption resultierende Musik" (Bischof) schreiben zu wollen, die traditionelle Tonalität auch in seinen dodekaphonen Kompositionen, zu denen er erst in den sechziger Jahren fand, nie ganz verlassen. Als „absoluter Musiker", der dem Postulat der „tönend bewegten Form" Eduard Hanslicks (in dessen Schrift ‚Vom musikalisch Schönen') folgte, bezog er als Moment der Stimmung, des Tons und der Farbe als einzigen außermusikalischen Anhaltspunkt die Malerei zeitgenössischer Künstler in starkem Maße in seine Musik ein, in Fortsetzung der Intention Franz List. Ihn faszinierten die Dämonen Alfred Kubins, die Farbigkeiten Emil Noldes oder die dunklen Tönungen bei Franz Rederer. Er unterhielt persönliche Beziehungen zu diesen Malern, deren Werke er in eine organisierte Tonsprache umzusetzen trachtete, die oft im scheinbaren Widerspruch zur Vorlage steht. Die 10 Klavierstücke der ‚Kubiniana' op. 13, die den Namen des Komponisten international bekannt machten, sind der Höhepunkt dieser an Bildwerken orientierten Phase, die mit Klaviervariationen nach einer Kokoschka-Mappe op. 1 begann. Apostel hatte 60 Federstrichzeichnungen (Schemen, 60 Köpfe aus einer verklungenen Zeit) von Kubin bekommen, die er in eine „Kollektion" (Apostel) von durchkomponierten kleinen Charakteristika umsetzte. Da für Apostel der Kompositionsprozeß ein Bekenntnis zur musikalischen Architektur war, ließ er seinen Partituren Formtabellen vorausgehen, die das gegliederte Ganze seiner Musik sinnfällig machen sollten. Diesem Grundprinzip entsprach der Freund Apostels, Fritz Wotruba, als er ihm die Zeichnung eines erratischen, streng gegliederten Blocks dedizierte. Apostel starb am 31. November 1972 in Wien.

Boris Blacher

Nebenstehende Photographie zeigt die Porträt-Plastik, die Bernhard Heiliger 1954 von Boris Blacher modellierte (Privatbesitz). Darin wird die mathematische Strenge und Klarheit bildnerisch umgesetzt, die dem Komponisten – weit entfernt von expressionistischem Pathos – eigen war. Blacher, dem anläßlich seines siebzigsten Geburtstags 1973 (er war am 6. Januar 1903 in Newchang, China, geboren worden) eine umfangreiche Ausstellung in der Akademie der Künste in Berlin gewidmet war, gehört zu den bestimmenden Persönlichkeiten Berlins in der Nachkriegszeit, wohin er nach seiner Rückkehr aus China (1922) gezogen war. Abgesehen von einigen Jahren, die er, auf der Flucht vor Verunglimpfungen, als Kompositionslehrer am Landeskonservatorium in Dresden verbrachte, entfaltete er ab 1945 in dieser Stadt eine für viele angehende Komponisten prägende pädagogische Tätigkeit als Professor an der Musikhochschule (1948–1953), deren Direktor er bis 1970 war. Den Schlüssel zu seinem kompositorischen Werk, das zahlreiche Gattungen zwischen Miniaturformen, Filmmusik, Oratorium und Oper umfaßt, bieten jene Kompositionen, die er seit 1950 mit ‚Ornament' bezeichnete. Er entwickelte in ihnen eine unpathetische, tänzerisch-rhythmisch orientierte Faktur, die dem *style dépouillé* des Erik Satie nahesteht. Zu seinen bemerkenswerten Bühnenwerken gehören vor allem die Ballettoper ‚Preußisches Märchen' (1952), in der er Carl Zuckmayers ‚Hauptmann von Köpenick' aufgriff und zu einer Verspottung des Spießertums der letzten Jahrhundertwende werden ließ, und die mit großem Skandal aufgenommene ‚Abstrakte Oper Nr. 1' (1953). „Grundsituationen des Menschen unserer Tage" sollten in „abstrakter Form" dargestellt werden, ein Experiment, zu dem Werner Egk einen bis auf wenige Ausnahmen auf abstrakten Lautfolgen beschränkten Text schrieb. Blacher, der stets die Zusammenarbeit mit Tänzern gesucht hat und zeitweise mit Schülern der Schule Rudolf von Labans zusammenarbeitete, hinterließ auch einige Ballette, deren wichtigste ‚Hamlet' (1950) oder ‚Der Mohr von Venedig' (1955) sind. Sein 1950 uraufgeführtes Ballett ‚Lysistrata' ist das erste Ergebnis seiner seit 1948 begonnenen Beschäftigung mit der Zwölftontechnik. Tonreihendenken und rhythmische Vorstellungen sollten in „variablen Metren" miteinander verschmolzen werden. Blacher starb am 30. Januar 1975 in Berlin.

Karl Vötterle

1968, zum fünfundsechzigsten Geburtstag des Gründers der vielseitigen Verlagsanstalt Bärenreiter in Kassel, wurde dem Jubilar Karl Vötterle (er wurde am 12. April 1903 in Augsburg geboren) eine Festschrift mit dem Titel ‚Musik und Verlag' überreicht, die die eminente unternehmerische Leistung dieses Mannes für die Musikentwicklung in Deutschland seit den zwanziger Jahren würdigte. Zahlreiche namhafte Autoren charakterisierten das Lebenswerk Vötterles, der als ‚Wandervogel' mit dem ‚Zupfgeigenhansl' unter dem Arm begonnen hatte, das Volkslied verbreiten zu helfen. Walther Hensels ‚Streitschrift wider das falsche deutsche Lied' (1921) bildete das Programm für die ersten Versuche, unter dem ‚Stern des Großen Bären' als Symbol der Ermunterung und Freundschaft gemeinsam mit Hensel 1923 die ersten Lied- und Chorblätter, die ‚Finkensteiner Blätter', herauszugeben. Sie dienten als Material, das auf Singwochen wie der Finkensteiner benutzt wurde. Ohne Erfahrung, unbelastet von verlegerischer Tradition, wagte es Vötterle mit seinem kleinen, damals in Augsburg angesiedelten Unternehmen, Pflegestätte nicht nur der Musik der Jugend- und Singbewegung zu werden, sondern auch die zeitgenössische Vokal- und Instrumentalmusik, seit 1926 die Orgelbewegung, seit 1933 die Musik des 17. und 18. Jahrhunderts unternehmerisch zu fördern. Nach dem Umzug nach Kassel wurden 1933 die ersten ‚Kasseler Musiktage' veranstaltet, auf denen erste Lehrgänge für Blockflöte und Gambe (1938) stattfanden, an die sich Neuausgaben älterer Kammermusik, zahlreiche Gesamtausgaben, etwa die auch für den praktischen Gebrauch eingerichtete von Heinrich Schütz, anschlossen. 1949 übernahm der Verlag den Druck der ersten umfangreichen Musik-Enzyklopädie ‚Musik in Geschichte und Gegenwart' (Hrsg. Friedrich Blume), die dem Verlag ein neues, weltweit ausstrahlendes Profil gab. Seither bilden die Schriften zu musikalischen Zeitfragen (insbesondere der Kirchenmusik), Notendrucke, Periodica und kritische Gesamtausgaben den Kern des Verlagsprogramms. Vötterle starb am 29. Oktober 1975 in Kassel. Seine Porträthinterlassenschaft beschränkt sich, abgesehen von einigen Zeichnungen und einem Ölbildnis, die von ihm in jungen Jahren angefertigt wurden, auf Photographien, die ihn als Unternehmer zeigen (Kassel, Bärenreiter Bildarchiv).

Aram Chatschaturjan

Zu denjenigen Komponisten, die sich nach der Oktoberrevolution von 1917 der sozialen Umwälzung und dem sowjetischen Regime beugten, gehört der am 6. Juni 1903 in Tiflis (Armenien) geborene Aram Iljitsch Chatschaturjan. Sowohl die salonhafte lyrische als auch die psychologisch-subjektivistische Musik mußten in dieser Phase dem ‚sowjetischen Realismus' weichen, dessen Grundsätze durch Verbände wie den 1924 gegründeten ‚Proletarischen Musikverband' verbreitet und deren Befolgung überwacht wurden. Chatschaturjan, der zunächst beabsichtigte, den Weg eines Naturwissenschaftlers zu gehen, studierte an der Gnessin-Musikschule in Moskau Violoncello und Komposition, später am Moskauer Konservatorium, und begann nach dem Studium eine steile Karriere als ‚Verdienter Kunstschaffender der Armenischen Sowjetrepublik', von 1939 an als ‚Stellvertretender Vorsitzender des Sowjetischen Komponistenverbandes' neben Dmitrij Schostakowitsch. Dieser hohe Rang, den ihm seine brillanten virtuosen Kompositionen, etwa das Klavierkonzert (1936), das Violinkonzert (1940), vor allem aber das Ballett *‚Gajaneh'* (1942) mit dem populär gewordenen Säbeltanz eingetragen haben, schützte ihn nicht vor einer Verurteilung durch das Zentralkomitee der sowjetischen kommunistischen Partei, die ihn wegen ‚formalistischer' Musik anklagte. Erst 1951, nachdem er sich den Richtlinien angepaßt hatte, trat er als Professor für Komposition am Moskauer Konservatorium und als Dirigent eigener Werke wieder an die Öffentlichkeit und konnte seinen Status als Protagonisten der sowjetischen Musik erneut bekräftigen. Einige seiner Werke gelangten namentlich nach dem Tode Stalins (1956) auch in den Westen und wurden zu Lieblingsstücken in den Konzertprogrammen. Die eingängige, durch die Volksmelodik seiner kulturellen Heimat Armenien inspirierte, kraftvolle Musik wurde bis zu seinem Tode am 1. Mai 1978 in Moskau sehr bewundert. – Da sich der bekannte Porträtnachlaß dieses Mannes derzeit nur auf wenige Agenturphotographien beschränkt, sei hier eine vermutlich in den fünfziger Jahren angefertigte Porträtphotographie wiedergegeben (Berlin, Archiv für Kunst und Geschichte, Inv. Nr. I RD 171 A/1).

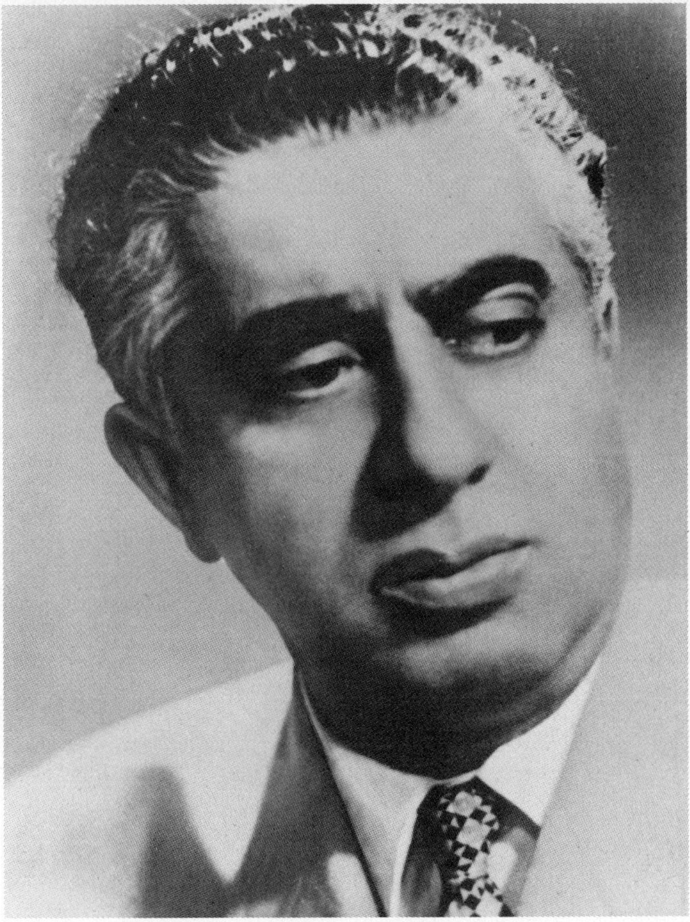

Luigi Dallapiccola

Luigi Dallapiccola, der am 3. Februar 1904 im damals österreichisch-ungarischen Pisino (Istrien) geboren worden ist, gehört zu den bedeutendsten Zwölftonkomponisten in Italien. Menschliche Aussagen und humanitäre Forderungen machte er zum Hauptanliegen in seinem Schaffen, nachdem er neoklassischen Vorbildern italienischer Tradition gefolgt war und 1924 durch eine Aufführung von Arnold Schönbergs *,Pierrot lunaire'* unter der Leitung des Komponisten in Florenz einen entscheidenden Schaffensimpuls empfangen hatte. Seither arbeitete Dallapiccola, der ausgebildeter Pianist war und seinen Lebensunterhalt mit Klavierstunden und Konzertreisen bestritt, an dem Assimilationsprozeß von Tonalität und verselbständigter Chromatik und suchte eine Synthese, wie sie etwa Alban Berg gelungen war. 1940 erlebte die einaktige Oper *,Volo di notte'* (,Nachtflug') nach dem Roman von Antoine de Saint-Exupéry in Florenz ihre vieldiskutierte Uraufführung, in der es dem Komponisten mit realistischen Darstellungsmitteln gelang, Zeitprobleme aufzugreifen. Bereits 1938 hatte er durch die Komposition *,Canti di prigonia'* (,Gesänge der Gefangenschaft') gegen die Verhältnisse unter dem italienischen Faschismus zu protestieren gesucht, durch ein Werk, das wie nahezu alle Kompositionen, die er bis 1955 schrieb, zwischen Bedrängnis und Protest steht. Zu einer Zusammenfassung aller seiner Kompositionsmittel (in Orchester-, Vokal- und Kammermusikwerken) im Sinne einer schöpferischen Bilanz fand Dallapiccola in der Oper *,Ulisse'* (1968), einem Protokoll des ,Totentanzes der Gesellschaft', das Walter Jens in dem Aufsatz ,Urbild und Abbild' zu substantiellen Überlegungen zum Thema Symbole und ihre exemplarische Bedeutung anregte. Dallapiccola, der als Lehrer vielmals in Vorträgen Stellung zu seinem Werk bezog, legte die Entstehungsgeschichte des Librettos dieser Oper in dem Aufsatz ,Geburt eines Librettos' (1968) dar, in dem er seine Intention, aus dem umherirrenden Odysseus einen ,,Menschen unserer Zeit" gemacht zu haben, bekundet, den die ,,plötzliche Erleuchtung, Gott entdeckt" zu haben, aus seiner Einsamkeit befreit. Dallapiccola starb am 19. Februar 1975 in Florenz. – Im Rahmen der Berliner Festwochen entstand eine Photographie, die ihn als Vortragenden festhält (Mainz, B. Schott's Söhne, Archiv der Bühnen- und Konzertabteilung).

Karl Amadeus Hartmann

Der am 2. August 1905 in München geborene und dort am 5. Dezember 1963 gestorbene Komponist Karl Amadeus Hartmann hinterließ nicht nur ein geschlossenes, umfangreiches musikalisches Œuvre, sondern auch eine große Anhängerschaft von jungen Künstlern, für deren Anliegen er sich leidenschaftlich eingesetzt hatte. Ausgebildet von Hermann Scherchen, später von Anton von Webern, entstammte er der Generation, die die neue Sachlichkeit vertrat, und schuf mit der Oper ‚Des Simplicius Simplicissimus Jugend' (nach Hans Jacob Grimmelshausen, 1934) eine bilderbogenhafte Moritatensammlung, deren geistiger Kern das Leiden am Chaos der Welt ist. Während des Hitler-Regimes wurde er abgelehnt und sein Werk hauptsächlich im Ausland aufgeführt. Erst nach dem Kriege trat Hartmann mit der Gründung der Münchner ‚*Musica-Viva*'-Konzerte wieder an die Öffentlichkeit. Binnen weniger Jahre wurde diese Reihe zur bedeutendsten Konzertorganisation zur Pflege von zeitgenössischer Musik. Nicht nur verstand es der Komponist, im Laufe der Jahre nahezu alle jungen Komponisten und Dirigenten für seine Veranstaltungen zu gewinnen, die zu einem gesuchten Begegnungs-Forum wurden, er versuchte erneut, wie vormals Sergej Diaghilew, Konzerte und Kunstausstellungen miteinander zu verbinden. Aus einer Malerfamilie kommend, war es ihm auch möglich, Aufträge zur Gestaltung der Programmhefte zu erteilen, die er von den ihm befreundeten Künstlern wie Joan Mirò, Werner Gilles oder HAP Grieshaber graphisch ausgestalten ließ. Diese Hefte, denen auch ein bibliophiler Wert beizumessen ist, geben mancherlei Aufschlüsse über die Wechselbeziehungen zwischen Musik und bildender Kunst. Zu der großen Popularität trugen nicht zuletzt die Plakate bei, die Hartmann von dem Bühnenbildner Helmut Jürgens entwerfen ließ, der über viele Jahre hinweg mit reicher Phantasie für die Veranstaltungen zu werben verstand. Hartmann, der sich selbst mit Werken der zeitgenössischen bildenden Kunst umgab, hatte sein Münchner Haus zu einer offenen Begegnungsstätte gemacht. – Der Bruder Hartmanns, Adolf Hartmann, malte den Komponisten einige Male. Er charakterisierte den Bruder mit plakativem Strich als den überaus energischen Impresario. Eine Photographie von 1959 hält diese Szene fest (Elisabeth Hartmann, München).

Dmitrij Schostakowitsch

1979, vier Jahre nach dem Tode von Dmitrij Dmitrijewitsch Schostakowitsch (er starb am 9. Augsut 1975), erschienen die mit Skepsis aufgenommenen, von Solomon Volkow verfaßten ‚Memoiren des Dmitrij Schostakowitsch, Zeugenaussage' erstmals auf dem deutschen Buchmarkt. Sie enthüllen die menschliche Tragik eines Mannes, der dem sowjetischen System ebenso willkommen, wie als Künstler geächtet und gequält war. Mit einer Absage an die „trostlose Beschäftigung des Sich-Erinnerns" an „mein trübseliges Leben" schließen die Memoiren voller Bitterkeit. Schostakowitsch ist am 12. (25.) September 1906 in Sankt Petersburg geboren worden und avancierte nach dem Studium zum Deputierten des Obersten Sowjets und Sekretär des sowjetischen Komponistenverbandes. Vor der durch diese Ämter erzwungenen parteilichen ästhetischen Dogmatisierung gehörte er zu jenen Intellektuellen, die in den zwanziger und dreißiger Jahren ein Äquivalent zum allgemeinen revolutionären Bewußtsein schaffen und alle technischen wie formalen Neuerungen der modernen westlichen Musik experimentell verarbeiten wollten. Diese Studien manifestieren sich in der zweiten Symphonie (mit Chor, 1927, zum 10. Jahrestag der Revolution), vor allem aber in der Oper *‚Lady Makbet Mzenskowo ujesda'* (‚Die Lady Macbeth des Mzensker Bezirks'), die ab 1934 zwar erfolgreich an russischen Bühnen aufgeführt worden war, 1936 jedoch als dekadent, bourgeois und abstrakt-formalistisch abgelehnt wurde. Seither nahm das Schaffen dieses Mannes eine andere Richtung: ‚Das Werden einer Persönlichkeit – die Umgestaltung des menschlichen Bewußtseins' nennt er seine fünfte Symphonie. Nach der Devise, daß Musik „nicht länger Selbstzweck, sondern ein lebenswichtiges Mittel zum Kampf" sei, entstanden seine vielbeachteten Symphonien, Oratorien, Opern und Kammermusiken, die von der pathetischen Massensuggestion, aber auch von überragendem handwerklichen Können zeugen. – Schostakowitschs Ablehnung von Photographien zum Zwecke historischer Dokumentation gipfelt in seiner Aussage, daß es genüge, vor der Kamera „achtundachtzig" zu sagen, man brauche dabei „nicht einmal zu lächeln, die Lippen gehen von selbst auseinander". Die nebenstehende Photographie zeigt ihn in den mittleren Jahren (Wien, Bildarchiv der Österreichischen Nationalbibliothek, Inv. Nr. Pf 37 741 D).

Hugo Distler

Von Hugo Distler gibt es nur wenige Bildzeugnisse. Das kurze Leben dieses Komponisten, der am 24. Juni 1908 in Nürnberg geboren wurde und am 1. November 1942 in Berlin den Freitod wählte, bot trotz seines regen Interesses an den bildenden Künsten wenige Gelegenheiten für Porträtaufnahmen. Die Lithographie des Porträtisten Richard Sprick, die 1936 während der Kasseler Musiktage *ad vivum* angefertigt und vom Komponisten signiert wurde, gehört mithin zu den wenigen Bildzeugnissen dieses Mannes, die im wesentlichen zufällig aufgenommene Photographien umfassen (Kassel, Bärenreiter Bildarchiv). Sie zeigt den ernsten, verbitterten Distler, der damit begonnen hatte, sich als Kirchenkomponist einen Namen zu machen, jedoch durch die Kulturpolitik nach 1933 verfemt wurde und erleben mußte, daß sein Cembalokonzert op. 14 im Jahre 1936 auf einer Wanderausstellung als Musterbeispiel ‚entarteter Kunst' aufgeführt wurde. „Ich habe nur noch eine Bitte in der Welt: daß Du mir nicht zürnst. Wer weiß wie Du, welche Lebensangst in mir gesessen hat, seit ich lebe? Alles, was ich schaffte, stand unter diesem Zeichen", mit diesem Abschiedsbrief an seine Frau schied er aus dem Leben. Distler war nach dem Studium Organist an der Jacobikirche in Lübeck, später Kompositions- und Orgellehrer an der Stuttgarter Musikhochschule, bevor er 1940 nach Berlin überwechselte, um an der dortigen Hochschule die gleichen Ämter und die Leitung des Domchors zu übernehmen. Als Organist, Chorleiter und Komponist der Erneuerungsbewegung der evangelischen Kirchenmusik kommt er von der Jugendbewegung her, deren begeisterte Wiederaufnahmetendenz älterer Stilprinzipien er aufgriff, um diese zu einem neuen Chorstil umzuformen. Die ihm daraus und aus der zehnjährigen Lehrpraxis erwachsenden Einsichten legte er in der zweibändigen ‚Funktionellen Harmonielehre' (1940) vor, die als auf den Unterricht zugeschnittenes Lehrwerk eine Lücke schließen sollte. Zu den Verlegern, die ab 1932 Distlers Werke druckten, gehört Karl Vötterle, der hinter dem „kleinen, blonden zarten" Komponisten erkannte: „hier brennt ein Feuer".

Hugo Distler

Benjamin Britten

Nebenstehendes, 1943 von Kenneth Green gemaltes Doppelporträt zeigt Edward Benjamin Britten (rechts) und den Tenor Peter Pears, die sich in den Jahren von 1934 bis zu Brittens Tod am 4. Dezember 1976 zu einer schöpferischen Partnerschaft gefunden haben (Öl auf Leinwand, 72 × 98 cm, London, National Portrait Gallery, Inv. Nr. 5136). Das Bild entstand in dem Jahr, in dem die zu den subtilen – durch Pears inspirierten – Gesangszyklen zählende ‚Serenade für Tenor, Horn und Streichorchester' op. 31 komponiert wurde, die mit ihrem verfeinerten Natur-Romantizismus das Zentralstück des Brittenschen Vokalschaffens bildet. Benjamin Britten gelang es, auf der Basis der Tonalität in der eklektizistisch geprägten englischen Musik der vergangenen zweihundert Jahre durch seine Vermittlerrolle zwischen den Stilen, Zeiten und Ländern neue Akzente zu setzen. Das Erlebnis der japanischen Musik etwa, insbesondere des Nô-Spiels, gab seinen Kirchenopern ein besonderes Gepräge, die er ‚Parabeln zur Aufführung in der Kirche' nennt, eine Bezeichnung, die auf die Erneuerung im Geiste mittelalterlicher Mysterienspiele hinweist. Britten, der am 22. November 1913 in Lowestoft (Suffolk) geboren wurde und sich nach seinen Studien und einem dreijährigen Aufenthalt in den USA seit 1942 in der Küstenstadt Aldeburgh (Suffolk) niederließ, wo er an der Gründung der *‚English Opera Group'* und eines Festivals beteiligt war, verhalf besonders mit dem umfangreichen Opernschaffen der englischen Oper zu internationaler Reputation, die ihr bislang versagt geblieben war. Werke wie *‚Peter Grimes'* (1945), ‚Der Raub der Lucretia' (1946), *‚Albert Herring'* (1947) oder die Fernsehoper *‚Owen Wingrawe'* (1971) gehören heute zum Repertoire nahezu aller großen Opernhäuser. Gemeinsam mit der *Opera Group* war es ihm darin gelungen, Kammeropern zu schaffen, die mehrheitlich mit sparsamen Mitteln zu realisieren waren. Hatte er durch die brillanten Variationen über ein Thema von Henry Purcell *‚The Young Person's Guide to the Orchestra'* dem jüngeren Publikum eine Instrumentationslektion erteilt, so gehört das 1961 vollendete *‚War Requiem'* op. 66, das er dem *„loving memory"* von vier im Zweiten Weltkrieg gefallenen Freunden widmete, zu seinen expressiven Bekenntnissen.

Edith Piaf

Als „unglaublichste Frau der Welt" von ganz Paris verehrt, starb Edith Giovanna Gassion am selben Tag wie Jean Cocteau, am 11. Oktober 1963. Sie hatte sich von einem eigens gemieteten Flugzeug von Stockholm nach Paris fliegen lassen, um in ihrer Heimatstadt zu sterben. Den Namen ‚Piaf', ein französisches Slangwort für Spatz, gab ihr der Kabarettbesitzer Leplée, der sie als Sängerin der Straßen und Hinterhöfe entdeckt hatte und in seinem Lokal *‚Le Gernys'* als Fünfzehnjährige auftreten ließ. Kurz danach wurde er ermordet, so daß sie neuerlich, gemeinsam mit ihrem Autor Raymond Asso, eigene Wege ging. Am 19. Dezember 1915 auf dem Polizeirevier der Rue de Belleville in Paris als Tochter eines Schaustellers und einer Cafésängerin geboren, wuchs sie schon früh in die Probleme asozialer Schichten hinein, deren Sprecherin sie mit ihren Chansons wurde. Damit reihte sie sich in die Zahl derjeniger Chansonniers wie Amiati, Théo oder Yvette Guilbert ein, die als Straßensänger in den *Sociétés chantantes* und *Café-concerts* einen neuen Chansonstil begründeten, der sich in den achtziger Jahren des letzten Jahrhunderts in den *Chansons littéraires* fortsetzte und rasch in Form von volkstümlich-patriotischen Strophenliedern heiteren, politisch-satirischen Inhalts populär wurde. Untrennbar mit dem Namen Piaf sind verbunden *‚Hymne à l'amour', ‚La Foule', ‚Heureuse', ‚La Goualante du pauvre Jean', ‚Mon légionnaire', ‚La vie en rose'* oder *‚Non je ne regrette rien'*. Das letztgenannte sang sie von der Plattform des Eiffelturms, von Scheinwerfern angestrahlt, vor einer ergriffenen Menschenmenge. Nach 1945 ging sie in die USA, heiratete Jacques Pills, mit dem und Charles Aznavour sie auf der Gegenseite in einer Photographie wiedergegeben ist, und führte ein hektisches Leben zwischen Schallplatten-, Filmproduktionen (etwa *‚Les Amants de demain'*) und Konzertauftritten. Die zahlreichen photographischen Porträts der zierlichen, schmächtigen Künstlerin, vor allem auf Schallplattenhüllen, sind bestimmt von ihrem verlorenen Gesichtsausdruck, den die großen, dunklen Augen prägten (Bildarchiv der Österreichischen Nationalbibliothek, Wien, Inv. Nr. Pf 13,363: C (1)).

T34

Erläuterung einiger Fachausdrücke

Belcanto – ital. Bel-Canto, Schöngesang; Bezeichnung für die Gesangstechnik im 18. bis zur Mitte des 19. Jahrhunderts, die gesangliche Linie und den Vokalklang gegenüber der sprachlich orientierten Deklamation hervorzuheben

Cante jondo – andalusische Form für das spanische hondo – tiefgründig, innerlich; auch canto grande; Stilart des Flamenco

Csárdásmelodien – Melodien, die dem ungarischen Tanz Csárdás entlehnt sind, einem Tanz, dessen melancholische Einleitung in einen akzentuiert rhythmisierten Paartanz mündet. Er gelangte um 1835 in die Ballsäle

Fado – port. Schicksal. Seit dem Beginn des 19. Jahrhunderts Bezeichnung für einen populären Gesang, gelegentlich auch Tanzmusik in den Städten Portugals mit improvisierten, überwiegend sentimentalen Texten

Flamenco – auch cante flamenco; Bezeichnung für andalusische Tänze und Gesänge, deren Herkunft umstritten ist. Man unterscheidet zwischen zwei Stilarten, dem dramatischen, kontrastreichen Cante jondo mit freier Melodieführung sowie dem virtuosen Vortrag des Sängers einerseits und dem Cante chico, einer schlichteren Vortragsart andererseits. Dabei gruppieren sich die Gitarrenspieler (tacaoras) um eine Tänzerin (bailaora), die zum Flamenco-Gesang einen strengen, von akzentuiertem Fußstampfen (zapateado) und Kastagnettenschlagen begleiteten Solo- oder Einzelpaartanz aufführt

Maxixes – Bezeichnung für einen raschen ländlichen brasilianischen Tanz in synkopiertem 2/4-Takt, der um 1915 zum Modetanz in Europa wurde

Melismatik – griech. Gesang, Lied; Bezeichnung für eine Melodie oder Melodieteile, die nur auf einer Silbe gesungen werden im Gegensatz zur Syllabik, bei der jeder Silbe eine Note zugeordnet ist

Metronom – ein 1816 von Johann Nepomuk Mälzel patentiertes Uhrwerk, das ein aufrechtstehendes Pendel mit verschiebbarem Gewicht antreibt und das 40 bis 208 Schläge pro Minute anzeigen kann. Es dient dem Komponisten wie Interpreten zur präzisen Tempofixierung und -realisierung

Nicht-funktionelle Dreiklangsharmonik – Bezeichnung für all jene Harmonien in der Musik des 20. Jahrhunderts, die außerhalb der kanonisierten drei wesentlichen Funktionsharmonien liegen (T-Tonika, S-Subdominante, D-Dominante), die seit Hugo Riemann (‚Vereinfachte Harmonielehre', 1893) für das Analyseverfahren verbindlich waren

Opera workshop – eine von verschiedenen Komponisten seit der aus ästhetischen Gründen erfolgten Ablehnung der traditionellen Oper als sinnvolles Kunstgebilde gewählte ungebundene öffentliche Opernarbeit

Ostinate Polyrhythmik – von Komponisten des 20. Jahrhunderts häufig gewählte rhythmische Struktur, die aus mehreren ständig wiederkehrenden (ostinaten) rhythmischen Modellen besteht

Partialtöne – Teiltöne, Obertöne; physikalische Bezeichnung jener Teilschwingungen, die aliquod bei einem Ton mitschwingen

Perkussive Motorik – Bezeichnung für einen musikalischen Ablauf, bei dem geschlagen-rhythmische Elemente dominieren

Rig Veda – das Buch der Götterhymnen, jenes Buch des ‚Wissens', das mit ‚Samaveda', den Opfergesängen, ‚Yajurveda', den Opfersprüchen, und den ‚Atharwaveda', den Zauberformeln, zu den ältesten Zeugnissen der indischen Literatur gehört

Samba – Bezeichnung für rasche brasilianische Tänze aus Rio de Janeiro, São Paolo und Bahia, die afrikanischen Ursprungs sind. Als Gesellschaftstanz wurde die Samba nach dem Ersten Weltkrieg in Europa bekannt

Tropen – von Joseph Matthias Hauer so benannte Sechston-Kombination, die an die Stelle der Tonarten treten sollten

Verismus – von ital. vero – wahr; Bezeichnung für den Naturalismus in der Literatur, der bildenden Kunst und einer Stilrichtung der Oper ab 1890. Das naturalistische Schauspiel war das Vorbild für jene neuen Opernstoffe, in denen als Reaktion auf die romantische, historische und idealistische Oper die alltägliche soziale Problematik, politische Sujets oder Themen über Menschenschicksale auf die Bühne gebracht wurden. Bei der musikalischen Realisierung entfernte sich der Vokalstil zugunsten des dramatischen Effekts immer mehr vom Belcanto.

Bildquellennachweis

A. D. A. G. P., Paris & Cosmopress, Genf, 1984 153. Alliger, Karl, München 99. Archiv Bote & Bock, Berlin 159. Archiv für Kunst und Geschichte, Berlin 23, 39, 41, 51, 77, 79, 83, 139, 155, 163. Bärenreiter-Bildarchiv, Kassel 161, 171. Bayerische Staatsbibliothek, München 35, 123. Bayerische Staatsgemäldesammlungen, München 115. Bibliothèque Nationale, Paris 73, 127, 135. Bildarchiv der Österreichischen Nationalbibliothek, Wien 43, 47, 49, 59, 129, 133, 149, 169, 175. B. Schott's Söhne, Archiv der Bühnen- und Konzertabteilung, Mainz 165. Bulloz, J. E., Paris 125, 151. Cosmopress, Genf 97. Det Kongelige Bibliotek, Kopenhagen 13. Deutsches Musikgeschichtliches Archiv, Kassel 33. Faber und Faber, London 65. Gemeentemuseum 's-Gravenhage, Den Haag 25. Historisches Museum der Stadt Wien 67, 71, 87, 103, 105, 109, 111. Köster, Hilde, Berlin 165. Koster, Grete, Hamburg 121. Kunsthaus Zürich 153. Kunstsammlungen der Veste Coburg 21. Martinů-Gedenkstätte Polička 131. Max-Reger-Institut, Bonn 63. M. K. Čiurlionis-Galerie, Kaunas 75. Museum des 20. Jahrhunderts, Wien 147. Musikhistorisches Museum der Ungarischen Akademie der Wissenschaften, Budapest 101. Musikwissenschaftliches Institut der Universität Innsbruck 57. National Portrait Gallery, London 17, 55, 69, 173. Paul-Hindemith-Institut, Frankfurt a. M. 143. Polska Akademia Haus, Instytut Sztuki, Warschau 97. Privatarchiv Gabriele Salmen 91, 137. Privatbesitz 45, 107, 157. Schiller-Nationalmuseum, Marbach a. N. 29, 117. Sisca, Michael, New York 61. Spadem, Paris 53. Spadem, Paris / VG Bild-Kunst, Bonn 1981 95. Steinmetz, Hildegard, Gräfelfing 141. Süddeutscher Verlag, Bilderdienst 93. Südwestfunk, Baden-Baden 145. The New York Public Library, New York 89, 113, 119. VG Bild-Kunst, Bonn 1984 19. Westfälisches Landesmuseum für Kunst und Kulturgeschichte, Münster 27, 37, 81.

Alphabetisches Verzeichnis der Musiker mit Hinweisen auf Werkausgaben und die wichtigste Literatur

(Die Seitenverweise in kursiver Schrift beziehen sich auf die Musikerbiographien in diesem Buch)

Eugen d'Albert – Werke hauptsächlich erschienen bei Bote und Bock, Berlin; W. Raupp, Eugen d'Albert, ein Künstler- und Menschenschicksal, Leipzig 1930; Ch. Pangels, Eugen d'Albert, Wunderpinanist und Komponist, Zürich 1981 [mit Werkverzeichnis] *(S. 26)*

Francesco d'Andrade – B. Bushart, Max Slevogt, Der Sänger d'Andrade als Don Giovanni, Stuttgart 1959 *(S. 18)*

Hans Erich Apostel – Werke mehrheitlich verlegt in der Universal-Edition, Wien; H. Kaufmann, Hans Erich Apostel = Österreichische Komponisten des 20. Jahrhunderts IV, Wien 1977; R. Bischof, Hans Erich Apostel oder die Schönheit der Ordnung, in: Österreichische Musikzeitschrift I, 1980, S. 15–27 *(S. 156)*

Béla Bartók – Werke verstreut ediert; Eigene Schriften und Erinnerungen der Freunde, hrsg. von W. Reich, Basel und Stuttgart 1958; Levelek, fényképek, kéziratok, kották, 3 Bde., Budapest 1948, 1951 und 1955; F. Bónis, Béla Bartók, Sein Leben in Bilddokumenten, Wien 1973; T. A. Zieliński, Bartók, Zürich 1973 [mit Werkverzeichnis und Bibliographie] *(S. 86)*

Alban Berg – Werke publiziert bei Universal Edition, Wien; W. Reich, Alban Berg: mit Bergs eigenen Schriften und Beiträgen von Theodor W. Adorno und Ernst Křenek, Wien 1937; International Alban Berg Society Newsletter 1968 ff.; Th. W. Adorno, Alban Berg, A Biography of the Music, New York 1975 *(S. 108)*

Boris Blacher – Einführung in den strengen Satz, Berlin 1953; H. H. Stuckenschmidt, Boris Blacher, Berlin 1963 [mit Werkverzeichnis]; Boris Blacher. Ausstellung des Archives der Akademie der Künste innerhalb der Veranstaltungen der Abteilung Musik anläßlich des 70. Geburtstages von Boris Blacher, Akademie der Künste, Berlin 1973 *(S. 158)*

Nadia Boulanger – A. Kendall, The tender tyrant, Nadia Boulanger, London 1976 *(S. 122)*

Benjamin Britten – E. W. White, Benjamin Britten, his life and operas, London 1970; D. Mitchell und J. Evans, Benjamin Britten 1913–1976, Pictures from a life, London 1978 *(S. 172)*

Ferruccio Busoni – Von der Einheit der Musik. Verstreute Aufzeichnungen, Berlin 1923 [mit Werkverzeichnis], erweiterte Neuausgabe unter dem Titel ‚Wesen und Einheit der Musik', hrsg. von H. Herrmann, Berlin 1956; Entwurf einer neuen Ästhetik der Tonkunst, Triest 1907, Leipzig o. J. [1916]; J. Kindermann, Thematisch-chronologisches Verzeichnis der musikalischen Werke von Ferruccio Busoni, Regensburg 1980; H. H. Stuckenschmidt, Ferruccio Busoni, Zeittafel eines Europäers, Zürich und Freiburg i. Br. 1967 *(S. 36)*

Enrico Caruso – The Complete Recordings of Enrico Caruso [in 14 Schallplatten], Murray Hill Records, New York; Carusos Caricatures [473 Illustrationen], New York 1977 *(S. 60)*

Aram Chatschaturjan – F. Streller, Aram Chatschaturjan, Leipzig 1968; B. Schwarz, Music and Musical Life in Soviet Russia 1917–1970, London 1972 *(S. 162)*

Mikalojus Čiurlionis – G. Vaitkunas, Mikalojus Konstantinas Čiurlionis, Dresden 1975; V. Landsbergis, Čiurlionis' Schaffen, Leningrad 1975 [auf russisch, mit Werkverzeichnis] *(S. 74)*

Luigi Dallapiccola – The Genesis of the Canti di prigionia and Il Prigioniero, An autobiographical fragment, in: Musical Quarterly XXXIX, 1953, S. 355–372; U. Stürzbecher, Luigi Dallapiccola, Werkstattgespräche mit Komponisten, 2 Bde., Köln 1971 und 1973; F. Nicolodi (Hrsg.), Luigi Dallapiccola, saggi, testimonianze, carteggio, biografia e bibliografia, Mailand 1976 *(S. 164)*

Claude Debussy – Monsieur Croche, Sämtliche Schriften und Interviews, hrsg. von F. Lesure, Stuttgart 1974; F. Lesure, Debussy, reproductions de photos concernant sa vie = Iconographie Musicale Bd. IV, Genf 1975 *(S. 22)*

Frederick Delius –E. Fenby, Delius, London 1971; L. Carley und R. Threlfall, Delius, a Life in Pictures, London 1977 *(S. 20)*

Paul Dessau – Paul Dessau aus Gesprächen, erschienen anläßlich des 80. Geburtstages von Paul Dessau, Leipzig 1974; F. Hennenberg (Hrsg.), Notizen und Noten, Leipzig 1974; F. Hennenberg, Paul Dessau. Eine Biographie, Leipzig 1965 *(S. 138)*

Sergej Diaghilew – S. Lifar, Serge de Diaghilaw, Monaco 1954; B. Kochno, Diaghilav and the Ballets russes, New York und Evanston 1970 *(S. 52)*

Alphons Diepenbrock – E. Reeser (Hrsg.), Verzamelde Geschriften van Alphons Diepenbrock, Utrecht und Brüssel 1950; Alphons Diepenbrock, Brieven en documenten I-IV, hrsg. von E. Reeser, Amsterdam 1962–1974; E. Reeser, Alphons Diepenbrock, Amsterdam 1936 *(S. 24)*

Hugo Distler – Funktionelle Harmonielehre, Kassel 1940; W. Jennrich, Hugo Distler, Berlin 1970 *(S. 170)*

Arnold Dolmetsch – The Interpretation of the Music of the xvii and xviii centuries, London 1915, Reprint 1969; R. Donington, The Work and Ideas of Arnold Dolmetsch, Haslemere 1932; M. Campbell, Dolmetsch, the Man and his Work, London 1975 *(S. 16)*

Hanns Eisler – Gesammelte Werke in 9 Bänden, hrsg. von S. Eisler und M. Grabs, Leipzig 1973ff.; H. Eisler, Reden und Aufsätze, Berlin 1959; H. Bunge, Fragen Sie mehr über Brecht, Hanns Eisler im Gespräch, München 1970; E. Klemm, Hanns Eisler, Leipzig 1973 [mit Werkverzeichnis] *(S. 146)*

George Enescu – V. Cosma (Hrsg.), Scrisori [Briefe], Bukarest 1974; Z. Vancea, George Enescu, Bukarest 1981 [mit Werkverzeichnis] *(S. 90)*

Manuel de Falla – Escritos sobre música y músicos, hrsg. von F. Sopeña, Madrid 1947, 3. Aufl. 1972; E. Franco, Manuel de Falla, Madrid 1977; R. Crichton, M. de Falla. Descriptive Catalogue of His Works, London 1976 *(S. 78)*

Karl Amadeus Hartmann – Kleine Schriften, hrsg. von E. Thomas, Mainz 1965; Karl Amadeus Hartmann und die Musica Viva. Essays, bisher unveröffentlichte Briefe an Hartmann, Katalog, hrsg. von der Bayerischen Staatsbibliothek München, München und Zürich, 1980 *(S. 166)*

Josef Matthias Hauer – Zwölftontechnik, die Lehre von den Tropen, Wien 1922, 2. Aufl. 1953; Josef Matthias Hauer zum 100. Geburtstag am 19. März 1983, 80. Sonderausstellung des Historischen Museums der Stadt Wien, Katalog, Wien 1983 [mit Werkverzeichnis] *(S. 102)*

Paul Hindemith – Sämtliche Werke, hrsg. von K. von Fischer und L. Finscher, Mainz 1975ff.; Unterweisung im Tonsatz. I: Theoretischer Teil, Mainz 1937, 2. Aufl. 1940, II: Übungsbuch für den zweistimmigen Satz, Mainz 1939; A concentrated Course in Traditional Harmony, 2 Bde., New York 1943, deutsche Ausgabe: I: Aufgaben für Harmonie-Schüler, Mainz 1949; II: Harmonieübungen für Fortgeschrittene, Mainz 1949; Johann Sebastian Bach, ein verpflichtendes Erbe, Mainz 1950; Paul Hindemith, Komponist in seiner Welt, Weiten und Grenzen, Zürich 1959 *(S. 142)*

Gustav Holst – I. Holst, A Thematic Catalogue of Gustav Holst's Music, London 1974; M. Short (Hrsg.), Gustav Holst (1874–1934), a Centenary Documentation, London 1974; I. Holst, Gustav Holst, a Biography, London 1938, 2. Aufl. 1981 *(S. 68)*

Arthur Honegger – Je suis compositeur, Paris 1951, deutsche Ausgabe: Ich bin Komponist, Gespräche über Beruf, Handwerk und Kunst in unserer Zeit, Zürich 1952; K. von Fischer, Arthur Honegger, Zürich 1978 *(S. 134)*

Jacques Ibert – Quelques œuvres, Paris 1951; G. Michel, Jacques Ibert, Paris 1968 *(S. 126)*

Émile Jaques-Dalcroze – Méthode Jaques-Dalcroze, Paris 1906 und öfter; K. Storck, Émile Jaques-Dalcroze, seine Stellung und Aufgabe in unserer Zeit, Stuttgart 1912 *(S. 32)*

Fritz Jöde – Der Musikant; Lieder für die Schule, Wolfenbüttel 1925 und öfter; Das Chorbuch, der Jugend und ihren Freunden in der Schule, in Singkreisen und im Hause, 6 Bde., Wolfenbüttel 1927–1931; Der Singkreisel; Schulkanons für alle Gelegenheiten, Mainz 1952; H. Höckner, Die Musikerziehung der deutschen Jugendbewegung, Wolfenbüttel 1927; R. Stapelberg (Hrsg.), Fritz Jöde, Leben und Werk. Eine Freundesgabe zum 70. Geburtstag, Trossingen 1957 *(S. 120)*

Manolis Kalomiris – Artikel in: Musik in Geschichte und Gegenwart VII, Sp. 464–468; M. Kalomiris, Mein Leben und meine Kunst, in: Nea Hestia XXXV/XXXVI, 1944–1945 *(S. 106)*

Heinrich Kaminski – R. Schwarz–Schilling und K. Schleifer, Heinrich Kaminski, Werkverzeichnis, Kassel 1947; I. Samson, Das Vokalschaffen von Heinrich Kaminski, mit Ausnahme der Opern. Diss. Frankfurt/M. 1956 *(S. 114)*

Leo Kestenberg – Musikerziehung und Musikpflege, Leipzig 1921; L. Kestenberg (Hrsg.), Jahrbuch der deutschen Musikorganisation, Berlin 1929; G. Braun, Die Schulmusikerziehung in Preußen = Musikwissenschaftliche Arbeiten XI, Kassel 1957 *(S. 96)*

Zoltán Kodály – B. Bartók, Kodály Zonlán zenemürei [Zoltán Kodálys Kompositionen], in: Magyar Zenei Szemle III, 1943; anonymes Werkverzeichnis Zoltán Kodály, o.J. [1967]; L. Eösze, Zoltán Kodály. Sein Leben in Bildern, Budapest 1971 *(S. 100)*

Franz Lehár – Katalog der Bühnenwerke von Franz Lehár, Wien

1955; B. Grun, Gold and Silver, The Life and Times of Franz Lehár, London 1970 *(S. 46)*

Gian Francesco Malipiero – Claudio Monteverdi, Mailand 1929; G. Scarpa (Hrsg.), L'opera di Gian Francesco Malipiero, Treviso 1952 [mit Werkverzeichnis und Bibliographie]; Omaggio a Malipiero, hrsg. von M. Messinis, Florenz 1977 *(S. 92)*

Frank Martin – Notes autobiographiques, in: Polyphonie II, 1948; B. Billeter, Frank Martin, ein Außenseiter der neuen Musik, Stuttgart 1970 *(S. 128)*

Bohuslav Martinů – M. Safránek, Bohuslav Martinů, The Man and his Music, New York 1944 [mit Werkverzeichnis] *(S. 130)*

Darius Milhaud – Notes sans musique, Paris 1949, erweiterte Ausgabe unter dem Titel: Ma vie heureuse, Paris 1974; C. Palmer, Milhaud, London 1976 *(S. 136)*

Carl Nielsen – Levende Musik, Kopenhagen 1925, englische Ausgabe: Living Music, Kopenhagen 1953; Min fynske barndom [Kindheitserinnerungen], Kopenhagen 1927, englische Ausgabe: My childhood, London 1953; T. Meyer und F. Schandorf Petersen, Carl Nielsen: kunstneren og mennesket, 2 Bde., Kopenhagen 1947 und 1949 [mit Werkverzeichnis] *(S. 30)*

Vaslav Nijinski – R. Nijinska, Nijinski, London 1933; F. Reiss, Nijinski, 2 Bde., Paris 1957 *(S. 124)*

Carl Orff – Carl Orff und sein Werk, Dokumentation, 8 Bde., Tutzing 1975–1980 *(S. 140)*

Hans Pfitzner – Gesammelte Schriften, 3 Bde., Augsburg 1926–1929; W. Abendroth, Hans Pfitzner, München 1935; Mitteilungen der Hans-Pfitzner-Gesellschaft, München 1954 ff.; H. Grohe, Hans Pfitzner, Verzeichnis sämtlicher im Druck erschienenen Werke, München o. J. [1960], G. Salmen, Bilder und Bildnisse im Leben Hans Pfitzners, Regensburg 1984 *(S. 44)*

Edith Piaf – Ma Vie, Paris 1964, deutsche Ausgabe: Mein Leben, Hamburg 1968 *(S. 174)*

Francis Poulenc – P. Bernac, Francis Poulenc, Paris 1977, englische Ausgabe: Francis Poulenc, the man and his songs, London und New York 1977 *(S. 148)*

Sergej Prokofieff – Dokumente, Briefe, Erinnerungen, Leipzig 1965 *(S. 132)*

Sergej Rachmaninow – R. Threlfall und G. Norris, Catalogue of the Compositions of S. Rachmaninoff, London 1982; R. Walker, Rachmaninoff, His life and times, Bath 1980 *(S. 64)*

Maurice Ravel – V. Jankélévitch, Ravel, Bourges 1956, deutsche Ausgabe: Maurice Ravel in Selbstzeugnissen und Bilddokumenten, Hamburg 1958; Maurice Ravel, Catalogue de l'exposition Ravel, Paris, Bibliothèque Nationale, Paris 1975; R. Nichols, Ravel, London 1977 *(S. 72)*

Max Reger – Sämtliche Werke. Unter Mitarbeit des Max-Reger-Institutes Bonn, Wiesbaden 1954–1971; Max Reger, Briefe eines deutschen Meisters, hrsg. von E. von Hase-Koehler, Leipzig 1928; H. Wirth, Max Reger in Selbstzeugnissen und Bilddokumenten, Hamburg 1973 *(S. 62)*

Ottorino Respighi – Catalogo delle opere, Mailand 1965; M. Rinaldi, Ottorino Respighi, pittore del suono, Rom 1944 *(S. 82)*

Albert Roussel – Catalogue de l'œuvre d'Albert Roussel, Paris und Brüssel 1947; R. Bernard, Albert Roussel, Paris 1948 *(S. 42)*

Artur Rubinstein – My young Years, London und New York 1973, deutsche Ausgabe: Erinnerungen, Frankfurt 1976 *(S. 118)*

Curt Sachs – Real-Lexikon der Musikinstrumente, Berlin 1913; Eine Weltgeschichte des Tanzes, Berlin 1933; G. Reese und R. Brandel, The Commonwealth of Music, in Honor of Curt Sachs, New York 1965 *(S. 88)*

Eric Satie – Mémoires d'un amnésique, in: Bulletin de la Société Internationale de Musique 1912; G. Wehmeyer, Eric Satie, Regensburg 1974 *(S. 38)*

Fjodor Schaljapin – Maxim Gorkij, Mein Freund Fjodor, Tübingen 1960; L. Nikulin, Fjodor Schaljapin, Moskau 1954 *(S. 58)*

Franz Schmidt – N. Tschulik, Franz Schmidt, Wien 1972 [mit Werkverzeichnis und Bibliographie] *(S. 70)*

Othmar Schoeck – W. Vogel, Thematisches Verzeichnis der Werke von Othmar Schoeck, Zürich 1956; ders., Othmar Schoeck: Leben und Schaffen im Spiegel von Selbstzeugnissen und Zeitgenossenberichten, Zürich 1976 *(S. 116)*

Arnold Schönberg – Sämtliche Werke, Mainz 1966ff.; Style and Idea, hrsg. v. L. Stein, London und New York 1975; W. Reich, Arnold Schönberg oder der konservative Revolutionär, Wien 1968, englische Ausgabe: Schoenberg: a critical biography, London und New York 1971; Arnold Schönberg Gedenkausstellung 1974, Wien 1974; J. Hahl-Koch (Hrsg.), Arnold Schönberg, Wassily Kandinsky: Briefe, Bilder und Dokumente einer außergewöhnlichen Begegnung, Salzburg und Wien 1980 *(S. 66)*

Dmitrij Schostakowitsch – Zeugenaussage, Die Memoiren des Dmitrij Schostakowitsch, aufgezeichnet und herausgegeben von S. Volkow, Frankfurt/M. 1981; Sobranije sotschineni [Gesammelte Werke], 42 Bde., Moskau 1979 ff.; Shostakovich, London 1971 *(S. 168)*

Franz Schreker – H. Schreker-Bures, H. H. Stuckenschmidt und W. Oehlmann, Franz Schreker, Wien 1970; E. van den Hoogen, Die Orchesterwerke Franz Schrekers in ihrer Zeit, werksanalytische Studien, Regensburg 1981 *(S. 80)*

Jean Sibelius – R. Layton, Sibelius and His Work, London 1970; R. E. Westerlund, The Works of Jean Sibelius, zusammengestellt von L. Solanterä, Helsinki 1955; M. Similä, Sibeliana, Helsinki 1945; E. Tawaststjerna, Sibelius, 1865–1905, Bd. I, London 1976 *(S. 34)*

Les Six – S. M. Trickey, Les Six, Diss. Denton (Texas) 1955 *(S. 150, 152)*

Alexander Skrjabin – Prometheische Phantasien, Stuttgart 1924, 2. Aufl. München 1968; O. Kolleritsch, Alexander Skrjabin, Graz 1980 *(S. 50)*

Robert Stolz – Robert und Einzi Stolz, Servus Du, München 1980; O. Herbrich, Robert Stolz, König der Melodie, Wien und München 1975; S. Pflicht, Robert Stolz, Werkverzeichnis, München 1981 *(S. 84)*

Karl Straube – Ausgaben: Alte Meister, Eine Sammlung deutscher Orgelkompositionen aus dem 17. und 18. Jahrhundert, Leipzig 1904; Alte Meister des Orgelspiels, Neue Folge I und II, Leipzig 1929; Bachs Orgelwerke II und IV, Leipzig 1913 und 1950; Karl Straube zu seinem 70. Geburtstag. Gaben der Freunde, Leipzig 1943; Chr. Held und I. Held, Karl Straube, Wirken und Wirkung, Berlin 1976 *(S. 56)*

Richard Strauss – R. Specht, Richard Strauss: Vollständiges Verzeichnis der im Druck erschienenen Werke von Richard Strauss, Wien 1910; E. H. Müller von Asow, Richard Strauss, Thematisches Verzeichnis, Wien 1955–1962; R. Strauss, Dokumente, Aufsätze, Aufzeichnungen, Vorworte, Reden, Briefe, Leipzig 1980; Richard Strauss 1864–1949, Musik des Lichts in dunkler Zeit, hrsg. von der Vereins- und Westbank, Hamburg, Mainz 1979 *(S. 28)*

Igor Strawinsky – Mein Leben, München 1958; Igor Strawinsky, Leben und Werk – von ihm selbst, Erinnerungen, Musikalische Poetik, Antworten auf 35 Fragen, Mainz 1957; V. Strawinsky,

Stravinsky, New York 1978; Strawinsky. Sein Nachlaß. Sein Bild, hrsg. vom Kunstmuseum Basel in Zusammenarbeit mit der Paul Sacher Stiftung Basel, 1984 *(S. 94)*

Heinrich Strobel – I. Strawinski, Zürich und Freiburg 1956; 50 Jahre Melos, in: Melos XXXVII, 1970, S. 221–223; Melos XXXV, 1968, H. 5, Sonderheft z. 70. Geburtstag von H. Strobel *(S. 144)*

Karol Szymanowski – Z Pism [Zum Werk], Krakau 1958; St. Łobaczewska, Karol Szymanowski: życie i twórczość, Krakau 1950 *(S. 96)*

Arturo Toscanini – S. Antek und R. Hupka, So war Toscanini, Zürich 1963; H. Sachs, Toscanini, München 1980 *(S. 40)*

Edgar Varèse – L. Varèse, A Looking-Glass Diary, New York 1972; G. Wehmeyer, Edgar Varèse, Regensburg 1977 *(S. 112)*

Ralph Vaughan Williams – National Music, London 1934; Heirs and Rebels, Letters written to each other and occasional writings on music by Ralph Vaughan Williams and Gustav Holst, hrsg. von U. Vaughan Williams und I. Holst, London 1959; J. E. Lunn, Ralph Vaughan Williams, a pictorial biography, London 1971 *(S. 54)*

Karl Vötterle – Haus unterm Stern, Kassel 1949; Musik und Verlag, Karl Vötterle zum 65. Geburtstag, Kassel 1968 *(S. 160)*

Bruno Walter – Thema und Variationen, Erinnerungen und Gedanken, Stockholm 1947 *(S. 76)*

Anton von Webern – Dokumente, Bekenntnis, Erkenntnisse, Analysen, in: Die Reihe, 1955; Schönberg – Webern – Berg, Bilder – Partituren – Dokumente, Katalog 36, Museum des 20. Jahrhunderts, Wien 1969; H. und R. Moldenhauer, Anton von Webern, Chronik seines Lebens und Werkes, Zürich 1980 *(S. 104)*

Kurt Weill – Ausgewählte Schriften, Frankfurt/M. 1975; G. Wagner, Weill und Brecht, das musikalische Zeittheater, München 1977 *(S. 154)*

Egon Wellesz – Die neue Instrumentation, 2 Bde., Berlin 1928 und 1929; A History of Byzantine Music and Hymnography, Oxford 1949; R. Schollum, Egon Wellesz; eine Studie, Wien 1964; Egon und Emmy Wellesz, Egon Wellesz, Leben und Werk, hrsg. von F. Endler, Wien 1981 *(S. 110)*

Alexander von Zemlinsky – H. Weber, Alexander Zemlinksy, eine Studie, Wien 1977 *(S. 48)*

Register

Verzeichnis aller in den Bänden ‚Musiker im Porträt' 1–5 behandelten Musiker (Römische Ziffer = Bandnummer, arabische Ziffer = Seitenzahl)